Viento fuerte

Miguel Angel Asturias

Viento fuerte

Alianza Editorial/Losada

Primera edición en «Alianza Tres»: 1981
Primera reimpresión en «Alianza Tres»: 1988

Two points in the adventure of the diver?
One, when, a beggar, he prepares to plunge,
One, when, a prince, he rises with his pearl?

¿Dos momentos en la aventura del buceador?
¿Uno, cuando, mendigo, se prepara a sumergirse,
Otro, cuando, príncipe, emerge con su perla?

BROWNING.

I

Ya no era fuerza que dieran signos violentos de alegría.
Toda la desvelada multitud estaba inerte, suelta, espar-
cida, después de haber pasado días y noches trabajando.
El terreno en que se hallaban unos sentados, otros acos-
tados, parecía totalmente dominado por ellos. Todo dominado, menos el húmedo, el inmóvil, el cegante calor de
la costa. Se impuso la voluntad del hombre. Manos y
equipos mecánicos modificaron el terreno. Cambios en el
desplazarse natural de los ríos, elevación de estructuras
para el paso de caminos de hierro, entre cerros cortados
o puentes o rellenos, por donde máquinas voraces consu-
midoras de árboles reducidos a troncos verdiones, trans-
portaban hombres y cosechas, hambre y alimentos. Caían
los árboles, mientras otros amanecían plantados defendiendo del azote del viento sementeras preparadas para
ciertos cultivos, y, en los barrancos, como en los intestinos
de la pobre bestia fabulosa, domeñada, destrozada y siempre viva, se trabajaba removiendo las rocas, trasladando
toneladas de la escasa piedra que por allí se encontraba
o bien aprovechando desequilibrios topográficos, para soltar el peso alborozado de corrientes de agua turbia, sucia,
menesterosa, que más abajo se limpiaba y fluía por valles
de encendido color verde.
Adelaido Lucero respiró con los pulmones en los cachetes
todo el aire de la costa, desnudo hasta la cintura, con un
pantalón que más era taparrabo, y, bajo sus ojos ambulantes en la inmensidad, quedó la mínima porción del

grupo de gente trabajada que llegó de todas partes con hambre, vestida casi de harapos, huesuda, con el pelo sin cortar, las barbas ensuciándoles la cara rústica, ¡ay, Dios!...

Sus manos callosas, sudadas, endurecidas por el trabajo, siguieron la faena con garbo de hombre arrecho. Agacharse, levantarse, agacharse, levantarse... todas las vértebras de la espalda afuera, igual que espinazo de culebra cobriza... agacharse, levantarse, cerrando y abriendo la bisagra de la cintura para llenar de piedras y piedrones plataformas de ferrocarril que una locomotora con mil años de uso llevaría, desde aquel apartado desvío de la línea, a la trituradora, maquinón que toda la piedra que embuchaba la vomitaba en aguaceros de piedrín.

El mar, aquí más bravo que en la otra costa, formaba el fondo de todo con el eco de sus turbulencias. Horizonte auditivo que se hacía visible línea de fuego azul, cuando alguien se encaramaba en un cerro a echarle a la divisada, desde muy lejos o de más cerca; los recién llegados, curiosos por saber cómo era el mar Pacífico, se subían a los palos altos y lo encontraban con su color creolina de leche verdosa en la mañana y, por las tardes, igual que un aguacate partido con la pepita roja.

Prójima peligrosa la costa. La vegetación chaparra, enmarañada, lo cubría todo y, en esa telaraña verde de pelos enredados, la única señal de existencia animal libre eran bandadas de pájaros de matices tan violentos como fragmentos de arco iris en contraste con gavilanes de ébano y zopilotes de azabache, todos destacados en la profundidad de la atmósfera que, con la vegetación, formaban una sola ceguera caliente.

—¡La calora, vos, Cucho! —dijo Adelaido Lucero a un compañero jiboso, curcucho, que le quedaba cerca, entre los treinta y seis mozos que sacaban la piedra para el rosario de plataformas de un ferrocarril crujiente; el fierro también se queja bajo el peso de las rocas fragmentadas por la dinamita y las almadanas.

—¡La calora, vos, Lucero!

Los cuadrilleros pasaban uno tras otros o en grupos de cinco, de diez, con toda clase de herramientas, guiados por el caporal hacia las hondonadas en que el silencio se los tragaba, el silencio y el hervor perceptible de las especies animales ínfimas, invisibles, pero latentes, orquestales, frenéticas, a medida que el sol llegaba sobre hogueras de vegetación inmóvil y vaho de marismas, a la brasa del mediodía.

El jadeo de los peones que trabajaban con Adelaido, parecía envolver las piedras que se movían del suelo a las plataformas, en una afelpada materia de fatiga humana que mermaba el choque.

Pero no era eso. Lo que pasaba, bien lo sabía el Cucho, es que llegaban a ensordecer después de horas y horas en aquel agacharse y levantarse y, como el jadeo les quedaba más cerca de los huesos de la cabeza, sólo oían el abrirse y cerrarse de su pecho, caer y subir los brazos y las manos, al clavar dedos y uñas en la tierra floja para asir las piedras y lanzarlas a lo alto de cada plataforma, abajo, arriba, abajo, arriba, abriendo y cerrando la bisagra de la cintura.

Sordos a todo lo que no fuera su propio jadeo, ciegos por el polvo que levantaban, pegajosos de sudor, el silbato del jefe escondido en una caseta improvisada con caña brava y techo de pajón marcaba el alto del almuerzo.

Las mujeres eran unas crueles embusteras, risa y risa, mientras les vendían tortillas, queso oreado, chorizos, morongas, güisquiles cocidos, yuca, rellenos de plátano, frijoles parados. Ellos, después de beber agua en un grifo, sin acercar mucho la boca porque el sol lo ponía como punta de asador, se medio lavaban la cara, se pasaban agua fresca por la cabeza y, tras secarse con las hojas que les quedaban cerca, cuidando no fuera a ser chichicaste, volvían la cara ambiciosa a la comida traída por las almuerceras.

De las tortillas de maíz chorreaban salsas de chile verde, frijoles, carnes gordas, papas en amarillo, trozos de aguacates, queso y tortas con bañaduras picantes y mantecosas. En trastos de peltre que fueron tazas se vaciaba de las tinajas leche con café, agua de leche con millares de puntitos negros, como pecas del mismo café molido, y en las tazas llenas hasta los bordes paseaban con todo y dedos, con todo y uñas, los pedazos de tortilla o trozos de pan, para luego llevarlos, ya casi hechos sopas, a la boca, entre mosqueos y bigotes.

El olor de las mujeres era tan pronunciado que los hombres se les arrimaban con la intención de allí no más tumbarlas, y como echar piedra a las plataformas, con la misma voluntad de trabajo en la cintura y el mismo acecido en las narices; pero las mujeres formaban un nudo ciego de comidas, trenzas, chiches calientes en las camisas mugrosas, bultos de nalgas, y se les escurrían entre promesas y acepciones vagas de presente, pero siempre cumplidas como que muchas de ellas estaban bien embarazadas.

El pitazo del jefe daba la señal de reanudar la tarea. Aún paladeaban la comida; siempre por bien que comieran se quedaban con hambre; y a seguir en lo que estaban.

Alguien gritó. Un tetuntón de doscientas libras le había alcanzado la punta del pie. Le cortó casi dos dedos. El jefe vino, después que lo fueron a llamar, con la pipa en la boca, los anteojos cabalgándole hacia la punta de la nariz colorada en la cara blanca, y ordenó que lo llevaran a la galera improvisada cerca y donde se guardaban herramientas, ropas y los canutos de bambú con agua, que en lugar de tecomates usaban los trabajadores. Y allí lo pusieron sobre una manta, mientras avisaban más lejos.

El dolor le cerraba los ojos largos ratos largos... Todo lo macho que era, a medida que el dolor lo asfixiaba se le iba convirtiendo en niñez, en infantilidad. Se quejaba como un chiquillo, Pantaleón López. Le remojaron los labios secos. Se adormeció más vencido por el sufrimiento que por el sueño. Los demás temían que se hubiera muerto. Pero no. Se privó con el calorón de la tarde que no llegaba nunca a refrescar del todo.

—¡Cucho, cuesta domar la tierra!

Adelaido Lucero sacó la cara a la noche oscurecida por el relente de la tiniebla sin luna, sin estrellas, con una que otra luminaria en los campamentos.

—¡Vos, ves, hoy jue Pantaleón, mañana será uno de nosotros! ¡Dios guarde!...

—Si fuéramos a contar, vos, Cucho, sería la de nunca echar la raya para sumar el total. Son tantos que no sé cómo es que uno está vivo y coleando. Cuestión suerte. Quién sabe. Pero de lo que uno se convence en estos trabajos es que al que le toca le toca. Con decirte que yo iba con León Lucio, el chino, cuando lo mató la cascabel. A mí me pasó primero por los pies y no me hizo nada. El fue el bueno. Pobre. Se infló. Al Mister que cuidaba el campamento noté que se le arrugó todo. Aquel pobre viejo de las nalgas chupadas que se volvió loco. Para mí, vos, Cucho, que lo picó la araña que da una fiebre tan fuerte, tan violenta, que en segundos ataca al cerebro. Jobaldo también por poco se muere, después del tuerce que les entró a todos esos que con él llegaron de Jalpatagua. Tres de ellos pararon aplastados por aquellos paredones de arena que se les vinieron sobre la coronilla, mientras estaban haciéndole el cabe a la pena por debajo.

—Pero que esto sale, sale —dijo Cucho que hablaba donde estaba la brasa de un cigarrillo—, pues qué hombres para tener voluntá, para saber lo que están haciendo y para no andarse con chiquitas...

—Y para tener pisto, decí vos, porque sin ese señor doradioso aunque uno quisiera que las cosas salieran, no saldría nada. Voluntá... ¡Mucha podés tener, pero si no tenés brea, se te va el esfuerzo en lo poco que podés abarcar!

—Y saben lo que están haciendo...

—No te lo niego. Además...

—Que hacen las cosas en grande, ¿eso ibas a decir? Y es de que sólo así se puede, cuando hay que arrebatarle a lo malsano tierras para siembras en que pueda vivir gente.

De lejos, con el viento llegaban bocanadas de alquitrán, el olor penetrante nada más, y por las vías, a la distancia, pasaban luces de vagones de ferrocarril. No descansaban ni de día ni de noche. La tala devoraba árboles para los hornos de la locomotora, las trituradoras, las otras máquinas que calentaban con fuego de leña; el trabajo devoraba gente y más gente, herramientas y más herramientas; rocas que se esponjaban en el fuego parejo de los hornos, convertidas en cal pechugona, blanca, y en las construcciones los cimientos y los muros devoraban piedras y más piedras, para rellenos, puentes y diques en que se atajaba el agua que como un sueño profundo seguía moviéndose suavemente hasta precipitarse en las turbinas, para dar nacimiento a la energía eléctrica que en hilos de metal empezó a repartirse por todos lados en forma de luz, de shute de avispa de fuego que entre chisperío y halos azules perforaba rieles, hendía planchas de acero o juntaba cabos de metales en unión eterna.

El progreso de la empresa repartía un contento de triunfo entre todos. Grandes y chicos, en la jerarquía del trabajo, participaban de aquel gozo del hombre que vence al enemigo, porque todos se sentían igualmente partícipes en aquella victoria conseguida, como en cualquier lucha guerrera, a costa de muchos sacrificios, de heridos y de muertos, sin contar los mutilados. Y como en todo ejército había los desertores, los que en llegando al campo de batalla volvieron la espalda acobardados, sintiéndose incapaces de sobrevivir físicamente a la epopeya.

Adelaido Lucero pegado a Cucho, ambos sacudiéndose con un ataque de frío palúdico, indagaban con husmeos de nariz, como perros arrebatados a dónde los llevaban entre tanto enfermo, hacinados en un vagón en que se echaron sobre el piso unas cuantas pacas de heno para que les sirvieran de colchón.

Por fin llegaron a una improvisada construcción de madera pintada con albayalde, blanca por fuera, color de madera por dentro, donde se movían unos hombres engabachados que les metieron en la boca unos tubitos de vidrio con sabor a guaro —el alcohol con que los limpiaban—; les agarraron la vena del brazo para sacarles sangre, todo esto sin siquiera verlos bien; habían visto a tanto enfermo que qué se iban a andar fijando en uno de ellos, y les dieron, en unas cajitas redondas, unas píldoras que dijeron eran buenas para las calenturas.

Después de beberse las primeras píldoras, Cucho sintió el remojón de la espalda y Lucero también sintió que le llovía atrás. Curioso mal. Da frío caliente y calor helado. Frescos, sin dolor de cabeza, sin la saltadera de los sentidos, animados, con ganas de levantarse, de hacer algo. Se toparon las caras. A falta de espejo uno a otro se podía contar cómo estaba de pálido, cómo tenía los pómulos salidos de tan flaco, las orejas allá atrás sin sangre, los ojos vidriosos, los labios resecos, delgados y las encías amarillentas.

Separaron los caminos. Cucho empezó a toser. No sólo él, bastantes, y a todos esos bastantes se los llevaron lejos, a botar a la capital, donde el clima más benigno, les dijeron, tal vez los mejoraba. Adelaido Lucero, ya en carnes, recordaba los brazos huesudos de su compañero cuando lo abrazó para despedirse. Era un muerto que le decía adiós.

—Cucho, me da remordimiento, porque yo te traje aquí...

—Brutencias tuyas, yo me vine por mi gusto, acaso era un muchachito chiquitillo para que vos me trujeras fuerza por fuerza, y no me ha pasado mayor cosa, con el clima frío, sin esta calora del diablo, me voy a parar de nuevo, ya vas a ver vos que regreso... no te desmandés... cuidate...

El tren se iba. Un tren que se detuvo frente a una estación que parecía que no estaba puesta en la tierra sino colgada de los madrecacaos, de los guarumos, de los bejucos, de las ramazones. Todo el piso estaba cubierto de cáscaras y hojas medio secas de eucalipto. Unos disparos de electricidad celeste retumbaron más abajo, hacia la costa. Dos, tres esqueletos de chucho cojearon al correr por los durmientes en que se apoyaban los rieles que se perdían al llegar a la curva, donde un puente vestido de quiebracajetes corintos, azules y blancos, dejaba pasar el río por debajo, como un ferrocarril de agua que iba más aprisa al acercarse al mar, que era su querencia.

Adelaido se desperezó todo lo que pudo, se ladeó el sombrero y, sacándose la guarisama del cincho, lo llevó colgado de la mano, medio arrastrándolo de punta por el suelo, hasta el pueblecito que se había formado no lejos de la estación.

Hizo las compritas que le precisaban, las echó en las arganas, se detuvo a envolver un cigarro, lo prendió, y se fue, pues. Ya todo entablado a lo largo de ese nuevo mundo verde en que nada había de arbitrario, con los caminos trazados bajo millares de hojas que desprendidas de troncos carnosos, de escamas con barbas de pescado seco, unos, otros con color de carne de mamón, en la rama larga como un remo parecían perder su sentido de carnosidad que les nacía del tronco y adelgazar sus hojas igual que alas de mariposas. La sensación del remo que está fuera del mar al penetrar en el aire caliente producía cada hoja del bananal sobre la cabeza de Lucero. En una cruzada de caminos, topó a un hombre de pies hinchados, muy hinchados, a quien apodaban el Nigüento. Llevaba

15

los pies envueltos en trapos que más eran costras, mostrando la punta de los dedos como papas podridas. Se le quedó viendo con sus ojos de viejo triste y le preguntó si no había encontrado a una muchacha que se le acababa de ir huida. Una su hija. Lucero le contestó que hasta la estación, no.

—Pues tal vez, me hace favor, usté, tantito —le dijo el Nigüento—, de buscarla; y si la ve dígale que me morí.

—Si la veo por ai, le digo, y mejor es que se regrese a su casa, pues es malo que ande aquí tan solo, pues le puede agarrar un mal calambre y para qué quiso más.

—Más calambre que el que tengo en los pies. Siento, desde hace muchos años, los pies dormidos, como si en lugar de pies me hubieran puesto dos tetuntes. Vea si me la ve...

Detrás de un grupo de árboles oyó Lucero un ruido de enaguas, y al volver la cabeza se encontró la carita trigueña de una muchacha que le decía que se callara, apoyando sus dedos sobre los labios.

—Pues si por ai la veo, le doy su recado —recalcó Lucero haciéndose cómplice de la muchacha.

El Nigüento siguió arrastrando las almohadas de sus pies, queja y queja, entre las hojas de los árboles de sombra o chichiguas. Adelaido Lucero se dirigió a donde estaba la muchacha escondida.

—Eso es ser malo —le dijo al acercarse—, y con esa cara tan bonita ser tan mala, no está bueno. Porque, según él, es tu tata.

La flor trigueña bajó los ojos ante el reproche, aunque toda su cara se puso en movimiento con la más graciosa mueca, para significar que poco le importaba la opinión de Lucero. Y echó a andar sin decir palabra, arrastrando los pies, primero, para levantar polvo, y luego ligero, ligero.

Adelaido la contempló de la cintura a la cabeza con una camisa rosada, y de la cintura a los pies con una enagua amarilla; las trenzas negras sobre la espalda bajo el rebozo, y la dejó ir sin decirle nada. Por estarla viendo se le cayó el machete, y apenas si tuvo tiempo para quitar el pie, que si no se lo trueza.

—Cualquier cosa, menos que vos te caigás cuando yo no estoy atento, y malo que sos —dijo al machete, ya al tiempo de recogerlo— me querés significar que machete caído, muerto yo.

Los bananales emboscados por ese lado esperaban una buena limpia, un corte de todo lo seco que se les iba quedando adherido, aunque más parecían plantas enfermas como el Cucho que se fue ya sólo orejas, enfermas como el Cucho porque, como él, tosían las hojas a soplo del viento.

En todo esto se quedó pensando Lucero, mientras la muchacha se perdía. Y allí se queda si no se ladea el sombrero, suelta una escupida y articula, igual que hablando con otra persona.

—¡Ay, papo, si para luego es tarde, la alcanzo!

Le salió adelante por un camino bien ancho, propio para que pasaran las máquinas de echarle ácidos dulces y coloreados de azul a los bananales, para que no se enfermaran. Una máquina estaba en su sopor, espolvoreándolos con lluvia adormecida. Mariposas juguetonas se veían, y de rato en rato, en lo más adamado de lo profundo, el canto de los cenzontles divertía el oído.

—Chicotazos te tocaban conmigo, de ser yo tu tata…

—De ser —le contestó ella—, pero como no es…

—Y para onde es que vas…

—No ve, pues, que para onde llevo la cara; ahora, si quiere, ando sin ver, para atrás… —y se echó a caminar de reculada, mientras le decía con el gesto más feliz del mundo— ¡ahora voy para onde llevo su cara!

—¡Insolente!

La muchacha andaba tan aprisa para atrás que se alejaba casi volando. Lucero se le acercaba, sin lograr alcanzarla. Y así recorrieron buen trecho, ella para atrás, para atrás, para atrás, y el siguiéndola.

—No me vas a decir que no te caería bien un tu buen marido…

—Pero como nu hay…

—Bien que hay, para vos hay… —dijo Lucero apurando el paso.

—Pero como mi tata no quiere que me case…

—¡Qué sabe tu tata de esas cosas!… —abrió más el paso.

—¡Para que no, si jue casado con mi nana después de haber sido casado y viudo; dos veces casado, si sabrá!

—Sabe la parte del hombre, pero no sabe la parte de la mujer, que es la tuya... —iba tan ligero que no se le entendía.

—Pero mi nana tampoco quiere que me case. Ella sabrá por qué.

—Pues porque no has encontrado un hombre que te convenga.

—Ni lo encontraré, porque yo quiero un hombre güeno, y como eso nu hay.

—¿Quién dice que no hay?... —ya era carrera la que llevaban; un momento después, Adelaido se detuvo y ella también, a prudente distancia.

—¿Cómo se llama usté?

—Adelaido Lucero, por qué...

—Por saber, yo me apelo Roselia de León, para servirlo.

—Eso digo yo, para servirte en todo lo que sea mandado o no, pues quedría servirte al pensamiento... —Adelaido adelantó pasos que ella ganó hacia atrás.

—¡A todas les debe decir igual!

—A muchas, pero a vos te lo estoy diciendo ahora.

—Pues quiero que me sirva de padrino de confirmación, ahora que va a venir el obispo.

—Padrino... —había logrado agarrarla de la muñeca y la detuvo para que no siguiera alejándose de espaldas.

—Suélteme...

—Si te paras a hablar conmigo...

—Mejor no hablar, mejor siga su camino...

La gritería que armó una mujer con cara de lechuza al encontrarlos, cuando él la tenía del brazo y ella forcejeaba por escapar, no fue para menos. Y con la mujer cara de lechuza salieron otras gentes, mujeres la mayoría y chiquillos y perros que ladraban. Todos como brotados del suelo. La soltó en el acto, pero de nada le sirvió, porque la vieja y las mujeres seguían gritando y los perros ladrándole.

Lo acusaron entre la vieja lechuza y el Nigüento, que llegó sobre sus almohadones, sin hacer ruido al andar, igual que nadando, de todo, con su hija. ¡Menor de edad! ¡Menor de edad! ¡Menor de edad!, gritaban los viejos, babeando algo así como saliva que era más bien agua de rabia.

El machete fue lo primero que le quitaron los soldados que a los gritos bajaron alarmados de la comandancia. Lucero fue por bien. Atrás armaban nueva dificultad los padres de la muchacha, quienes se oponían a que la patrulla cargara con ella a declarar al juzgado. No hubo manera. Detrás de la muchacha, el Nigüento renqueando y la vieja lechuza despidiendo olor a caca y sebo, subieron hasta un pequeño collado, donde, entre palmeras, estaba la comandancia y el juzgado.

El que fungía de Juez de Paz, suprema autoridad en aquel lugar, liquidó el asunto en seguida.

—Adelaido Lucero, recibís como mujer a la que fuerceaste, o te vas a la cárcel toda tu vida.

—No le hice nada, que lo diga ella si la tenté siquiera —se defendía Lucero.

—No le hice nada... —respingaba la vieja—, y la arruinó.

—¡Sinvergüenza! ¡Bandidote! —acercaba el tizón de su furia, el Nigüento—, supo que yo la andaba buscando, le encargué que la hallara y al encontrarla, la, la, la... —de los ojos perdidos en arrugas y pelos de barbas y cejas, brotaba un llanto de padre ultrajado. La vieja lechuza también se contentaba con llorar a gritos.

Roselia de León, bajo el peso de la vergüenza, había perdido volumen, era una pequeña bestiecita con ojos de gente, seca la boca, la lengua como si le hubiera picado un alacrán. Sin poder juntar dos lágrimas, por más que parpadeaba y volvía a ver a todos lados, apenas si con las manos rompió el rebozo de tanto retorcerlo y de querer como abrirle agujeros.

—Pues ruineada antes o después, os encontráis en los momentos más solemnes de vuestra vida, cual es aquel en que celebráis nuestro matrimonio —el funcionario hacía de cuenta que era él el que se casaba.

—... Nadie sabe. Yo salí a despedir a un mi amigo que iba malo para la capital y al día siguiente desperté con la Roselia —contaba años después Adelaido Lucero, cuando se hablaba de casamientos. De sus amigos, lo cierto es que casi todos se casaron con la voluntad del guaro—. A mí, al menos cuando me jodieron, estaba en mi juicio.

La construcción de Adelaido Lucero avanzaba a fuerza de ladrillo, fila sobre fila, mezcla y mezcla y cuchara, todos los domingos y feriados y ratos sin mucho sopor, algo así a la entrada de la tarde en que hacía de albañil. Buen cimiento y las paredes con su peso a plomo. El techo fue más trabajoso. Pero se hizo. Un buen día los ojos de la Roselia no toparon el descampado encima de la casa, sino lo oscuro de las tejas sobre las vigas madres y los travesaños. Era aquella tiniebla como si la casa tuviera trenzas y se le vieran por dentro. Trenzas olorosas a madera recién cortada, a tierra mojada, a repollo fresco.

Lucero batuqueaba la pintura en unos botes de lata, para pintar la casa. Explicó a su mujer: lo de arriba de la pared rosado, y el zócalo, amarillo. Ella le replicó que así quedaría feo. Y él le daba la razón de lo feo.

—¡Es que así ibas vestida Roselia de León el día en que te vide por primera vez!

Cuánta ternura puso entonces en los brochazos que lamían la sed de las paredes hasta quedar de bonito color parejo. Se bendijo. A falta de cura, alguien echó el agua bendita. Por allí no fácilmente había padre. Se bendijo con una media fiestecita. Los amigos. Se adornó con cadenas de papel de china, color azul y verde; se pusieron en los pilares manojos de cañas bravas amarradas con bejucos floreados; se regó pino en lo pisos de ladrillo nuevo y la Roselia, para completar la fiesta, resultó vestida con la enagua amarilla y la blusa rosada, sólo que ya no le venían, había que darles de adelante, porque estaba preñada.

II

De todos los tecolotes, de todas las lechuzas, de todas las aves nocturnas sacó su fealdad de vieja la que era su suegra. Así lo consideraba Lucero el día de la fiesta de la echada del agua bendita a la casa y se le hacía cuesta arriba que aquella señora fuera la madre de su preciosa costilla, a quien los meses de merecer, lejos de perjudicarla en el físico, resultaron mejorándola.

Al irse los invitados, al quedarse solos, ella se acercó a su esposo, y no porque se hubiera tomado dos copas de vino generoso, casi de consagrar, sino porque lo sentía nacido del hijo que llevaba en su vientre, le pasó el brazo por la espalda, mientras Lucero, sentado en una banca alta jugueteaba con los pies como un chiquillo para quien, concluida la casa, había terminado el juguete.

La tierra que, por la costa, es pura vida se le pegaba a la planta de los pies a la mujer, como una lengua ardiente al cielo de esas bocas que los pies tienen abajo, y le lamía lentamente hasta comunicarla una especie de cosquilla por todo el cuerpo, cosquilla que sólo se le apaciguaba cuando Adelaido le pasaba la mano por encima de los pechos, por el vientre, por las piernas, como si no hubiera peligro de muerte en el paso que le esperaba... ¡Ah, sí!... Como si no anduviera la muerte desperdigada en la atmósfera de la costa a la par de la vida, y se hiciera presente al menor descuido del indefenso ser humano que, en aquel marco de gran naturaleza, era tan pequeño, tan insignificante que no pasaba de ser una de las miríadas de hojas que al caer muertas otras sustituyen.

Marido y mujer, se paladeaban el sueño que les enturbiaba los ojos como un descanso en medio del calor, como si durante el sueño salieran de la costa y fueran de paseo al buen clima de la montaña; y eso que donde Lucero construyó su casa, en «Semírames», soplaba medio fresco toda la noche. Más abajo, hacia el mar, el dormir era ahogarse con todos los sufrimientos del asmático, en espera de la aurora en que el calor seguía igual. De los catres de tijera, al amanecer colgaba el brazo de ella, se quejaba dormida, y la cabeza de Lucero con el pelo en la cara.

La suegra los sacó del sueño. Se aplanchaba las ropas, dormía vestida, se pasaba las manos por el pelo como si se hubiera traído el relleno del colchón pegado en la cabeza. «Semírames» no le quedaba cerca, pero como desde el alba se fue su marido, tuvo tiempo de llegar a casa de Lucero, antes que los esposos despertaran.

—¡Y esta vieja... —se dijo el yerno, tomando conciencia de la realidad que empezaba a teñirse de rosado en la luz del día, entre el canto de los gallos salteado y los ecos distantes de motores que empezaban a sacar la tarea.

—¡Ay, nana! —se quejó ella, molesta por la imprudencia.

—¡Qué temprano empieza a fregar la pita! —articuló aquél, resmolido, restregando la espalda sudorosa en el catre caliente y como arenoso.

—No he querido decirles antes nada, pero ahora decidí, por todo, que era mejor que lo supieran. Por todo. Tu tata —se dirigió a Roselia que apoyada sobre un brazo había levantado la cabeza—, tu tata agarró el tren, porque dice que le van a dar trabajo en el Hospital de San Juan de Dios.

—¿Dónde eso, nana?

—El Hospital General, es que también se llama de San Juan de Dios.

—Y trabajo de qué... —preguntó Lucero, mientras se metía los pantalones ante la suegra deshonestamente. Con la rabia que le tenía como para que fuera honesto.

—Trabajo de enfermo.

—¿De enfermo se va a ir a trabajar mi tata?

—Sólo de eso puede trabajar... —indicó Lucero, ya en pie, buscando una palangana para lavarse la cara.

—Pero mi nana querrá decir de enfermero, no de enfermo —dijo Roselia mientras sacaba las pechugas del pecho de una sábana jaspeada, medio bostezando.

—De enfermo... —repitió la suegra, venturosa de tenerlos ya despiertos.

Lucero se lavó bien la cara, se echó bastante agua en el pelo, hasta los hombros se empapó, luego con una toalla estuvo frotándose la frente, los cachetes, la nuca, las orejas, el pecho y debajo de los brazos.

—Déjelo estar, ya va ir regresando, son cosas de él, de necesidá se desespera con el mal de sus pies...

—Pues el mal de los pies, quien creyera, es lo que le va a dar el que comer. Así me dijo antes de irse. Hay un médico que quiere demostrar que lo que tu tata tiene, no es lepra de la mala, sino lepra menor, producida por las once mil niguas que se le metieron. Por estar siempre borracho no se las sacó ni dejó que yo se las sacara y se le pusieron los pies como se le pusieron. ¡Güevero de niguas!

—De las niguas y el aguardiente da entonces esa lepra, ¿y qué, sanará o seguirá renqueando?, andando que parece que anda con los talones, tuco-tuco-tucó, como si en lugar de pies tuviera plátanos nanachos.

—Pues no sé si por fin se aliente. Te voy a decir, Adelaido, que es un mal raro, porque no le hiede mucho ni le llora; se le descascara, como decir, escama de pescado, ceniza con mugre.

—Pero lo cierto es que le van a pagar por el demuestre de que no es pura lepra; y que aproveche, qué diablos, en los circos se paga por ver a los deformes, y con él la cosa es más seria.

—Ese mi tata tiene unas ocurrencias, que no sé, la verdad, no sé... —Roselia se había recogido el pelo con una peineta y corría de un lado a otro preparando el desayuno; se detuvo y dijo a su nana—: Ahora se queda a desayunar con nosotros.

—Tomé soda purgante y me voy a ir, porque si no allá se puede perder algo, con el ladronicio que se ha desatado desde que corrió la voz que por aquí se gana

23

bien, y sólo vienen a enfermarse, y a ver qué hallan por ahí mal puesto, para clavarle las uñas.

Los trenes carroceaban montones de hombres que iban a los trabajos agrícolas, desteñidas las caras bajo los sombreros amarillos de sol, silenciosos. Fumando algunos, otros estáticos, sin ojos ante el pasar interminable de los millares de troncos de bananales, que alzaban las hojas de sus machetes verdes, como ejércitos armados de guarisamas para cerrarle el paso al mar.

Con ellos, detrás de ellos, al compás de ellos, avanzaron el aguardiente, la cerveza, la prostituida, el fonógrafo de trompeta, la victrola de lujo, las bebidas gaseosas, los chinos vendedores de ropa, las farmacias, la guarnición de soldados tristes, el telegrafista enamorado, hasta formar el pueblo en un terreno que cedió la «Tropical Platanera, S. A.», donde troncos de árboles acabados de cortar, para abrir campo a las edificaciones, alternaban con zanjas y zarzales.

Y todos aquellos hombres despiertos por el calor después del día y cegados por la oscuridad de la noche quemante, se movían en la población rudimentaria sin ver bien dónde tropezaban, ayudándose de las manos por andar vagando. Todos aquellos hombres caían más noche en el sopor, maltrechos de cansancio, malolientes de fatiga, porque la fatiga hiede cuando es mucha, hiede a eso, a fatiga, a carne molida, a sufrimiento, a espalda adolorida de estar pegada al suelo, sin tuja abajo, con el sombrero en la cara, y la chaqueta abierta sobre el pecho, a la altura del hombro, como si alguien boca abajo, sobre ellos, los abrazara sin brazos con sólo las mangas, mientras dormían.

Lejos, en la tiniebla, todo se ve tan lejos, algún candil señalaba la tienda del chino, un achón de ocote, alguna venta de chuchos, café con pan, chorizos, chicharrones viejos; y allí se arrimaban uno tras otro o en grupo dando las buenas noches a la vendedora y pidiendo algo de comer. Se les servía y se agachaban con los platos y los pocillos de café, para arreglarse la mesa en el suelo oscuro, todos en cuclillas. Los que ya tenían días de estar en la costa con los ojos vidriosos hasta de noche. Las primeras fiebres confundidas con la calora. Los recién llegados, más en salud, más enteros, chacoteando, recordando, ganosos de ir a pagar una buena mujer por allá atrás. Allí, en la oscuridad compacta, en los marcos de las puertas, como fantasmas con dientes de oro, manoteaban algunas mujeres a los que pasaban, llamándolos, instándolos a que entraran: ¡Ilusión!... ¡Precioso!... ¡Rico!...

Todo callaba, pero no en silencio, porque materialmente se oía el brotar de las hojas en las ramas, de las ramas en los troncos brotones, de los troncos que se iban separando de las raíces al asomar sobre el terreno, crecer con ruido de chorro de agua que va subiendo y subiendo hasta tener alto de arbusto o de árbol; y también se oía el pasearse de los animales que aprovechaban la tiniebla para ir y venir sigilosamente en busca de sustento o de escondite.

Adelaido Lucero, mandadero de la finca «La Maroma», desayunó al salir su suegra, que fue diciendo aquello de que se iba y se fue, temerosa de que se le entraran los ladrones a la casa, aprovechando que su esposo no estaba; de algo servía el Nigüento, de estarse allí para que no se llevaran nada, y salió Lucero con la consabida maña, gracia o caricia de ponerle a su mujer un momento el sombrero en la cabeza para que en su ausencia no lo olvidara.

Pantalón de montar, polainas de campo, guayabera flecona y el aludo para defenderse del sol. Pronto estuvo en su primer quehacer. Rueda le formaron los caporales. Riesgo por riesgo, a los cuernos. Refería uno de todos. Me lo eché al suelo. No era hombre pa mí. El Mascarón Zaldívar se apartó con Lucero, para hablarle de algo más importante. Iba a venir el corte y sus cuadrilleros no estaban completos. Los que iban a mandar de «El Jute», nunca llegaron todos. Tres, ingrimos. Si no se disponía de gente, que no le echaran la culpa. El negro Sologaistoa, otro de sus caporales, también lo entretuvo con lo mismo. Estaban escasos de brazos. Y el corte es «frenético». El negro Sologaistoa usaba las palabras, como él mismo decía, a la «destampida». Y efectivamente, el corte de la fruta tenía algo de frenesí de bestiezuelas separando los racimos de una verdura gigante, con las tenazas de sus ganchos. Los movimientos de la cuadrilla de corte, al pie del bananal, que semejaba un árbol de la cruz verde, eran como judíos con escaleras y lanzas tratando de apear a un Cristo verde convertido en racimo, el cual descendía entre brazos y cuerdas y era recibido con todo cuidado como si se tratara de un ser suprasensible, y transportado en pequeños carros, para recibir los baños sacramentales y ser enfundado en un bolso que llevaba por dentro acolchamientos especiales.

El agua silabeaba titubeante al ir por una nueva toma abierta al riesgo, entre montes que mantenían el terreno húmedo. Bajo los bananales el terreno respiraba la humedad candente de la costa y de ese respirar con agua se alimentaba el mundo vegetal que pasaba de semilla a flor en un instante. Una lacustre vegetación de árboles que formaban grandes y extensas manchas verdes, seguía hacia la infinidad del mar. Filas y filas de bananales. Por todos lados. Por todas partes, hasta perderse en el horizonte. Millares de plantas que parecían multiplicarse en sucesivos espejos. Tan semejantes y simétricamente plantadas que parecían las mismas plantas, a la misma distancia, del mismo alto, del mismo color casi, del mismo florecimiento pasajero y eterno. Los troncos bruñidos, pulimento metálico, y las ramas formando abanicos en arcos, encerraban la visión en una luz vegetal, células de futuras esmeraldas.

—Tierra para tragar gente... —acotaba Lucero; y él sí lo había visto, fue de los que llegaron cuando todo estaba por hacer; y la que seguirá tragando, pensaba, mientras discutía con los caporales la forma de conseguir braceros, porque si no la cosa iba a estar más que fregada. Ya el año que pasó se la vieron a palitos a causa de eso. Si la fruta se madura muy rápidamente, como hay que cortarla verderona, pues sencillamente se pierde por falta de suficientes brazos para el corte. Y unos mil o cinco mil o diez mil racimitos que se pierdan... Así eran las cuentas en las pérdidas como en las ganancias en la «Tropicaltanera», como llamaban a la «Tropical Platanera, S. A.». El jocicón Torres fue el último caporal. Y con la misma vino. Gente. Saliera de donde saliera. Porque si no las consecuencias. Con la que estaba, imposible dar cumplimiento.

El pedido de los caporales a los mandadores y de éstos a los jefes y de los jefes a las oficinas centrales movilizó una serie de resortes secretos en la oficina del telégrafo. Aquellas maquinitas minúsculas en medio de la selva tropical, del desconcertante concierto de una creación que en su esfuerzo de superarse casi al nacer toca la muerte, vive tan rápidamente, recibían del dedo del operador los signos de llamada a otras centrales, para comunicar el pedido de «más hombres», «más hombres» y «más hombres».

Los trenes pasaban cargados de gente. A trabajar a la costa. A trabajar a la costa. Otros bajaban a pie, a trabajar a la costa. Otros bajaban en camiones a trabajar a la costa. Sin familia. Para qué la iban a andar llevando. Sin más que las tujas y unos reales para el camino. Por si al caso, el machete. Por si al caso, la reliquia del Señor de Esquípulas, nuevecita en el pecho lampiño del muchachón o en el pecho tarugo del andulto. Pronto aquella preciosidad bendita sería un gusanito de hilo sudado, hasta desmerecer.

El tren los botaba ya hastiados y dormidos del cuerpo en la estación más próxima a las plantaciones. De allí agarraban camino en formación militar. No faltaban los ventajosos que siempre quieren ir adelante a la descubierta. Otros, los conformes, donde les tocara. Y otros, los más haraganes, atrás, en la cola. Todos llegarían al mismo tiempo, como en el cupo. Sólo que en el cupo se llegaba triste al cuartel y aquí se oían animosos y alegres, porque la paga ofrecida doblaba sus ambiciones. Con unos meses de trabajo se levantaba cabeza. Regresar con algo de qué disponer. El calor los esponjaba. Las carnes de cecinas frías de los montañeses cedían bajo el cinapismo del bochorno. Empezaban por quitarse las ropas, despegándoselas del pellejo mieloso, como algo que les quemara, exasperados, proponiéndose irse al sólo ganar los primeros pesos. Todos, al final, todos soportaban y se quedaban. A unos les entraba la dormidera y a otros, la de no poder dormir. Y una basquita. Siempre la sed y la basquita. Gente hubo. Había en más y en más. Pero cada vez pedían más gente por exigirlo las siembras. Peor si como dicen empiezan a trabajar allá por Río Hondo. Ya empezaron. Los teodolitos. Los hombres con sombrero de corcho. La desmontada, entrándole al huatal a fuego y a machete. La surconeada. La siembra de las hijuelas. Las plantas al crecer, después de pegarse en la tierra. Las plantas, al ir alteando. Las plantas, ya adultas, con hijos al pie. Los bananales de agua. Los magníficos bananales de espada. Y el ver que todo lo que brilla es oro, porque agua, sol, luna, estrellas, concurren a que se produzca el racimo que se vende por lo que pesa a precio de oro.

Peones, caporales, mandaderos, administradores, hasta los administradores llegaba la organización humana, se puede decir, porque a partir de allí con otros hombres empezaba la maquinaria ciega, implacable, que todo lo convertía a cifras en sus libros, inalterable, cronométrica, precisa.

Uno de estos otros hombres, mister John Pyle, consciente de su rol de piececilla de un mecanismo sin corazón, lo hacía ver a su esposa, Leland Foster, llegada de vacaciones de Dakota, mostrándole la casa de Lucero, el mandador más antiguo de las plantaciones. Tiestos con flores, enredaderas, una guacamaya. Eso era bastante para darle sabor a la casa. Trasladados a la región de los otros hombres, donde vivían los empleados jerárquicos, la guacamaya y las flores, se volverían cosas artificiales.

—Lo artificioso de nuestro vivir fuera de ese mundo mágico de flores y aves —decía mister Pyle— nos hace sentirnos aquí siempre sobrepuestos, como en el internado de un colegio o en el servicio militar. No sabemos qué hacer más allá de las horas de trabajo, que serían las horas de clase, de las comidas en los comedores en que siempre estamos reunidos en las mesas con las mismas personas, como reclutas. En cambio, Leland, esta otra gente vive —repitió—, vive, y si es buena, es buena y si es cruel, es cruel. Nosotros no somos ni buenos ni malos, simplemente máquinas.

Los ojos azules de John Pyle se jugaban tras sus lentes vivos de tan limpios y gruesos, contento de hacerle ver a su esposa, sobre el terreno, la inferioridad de los hombres que, como él, trabajaban en compañías poderosas.

—Somos autómatas —decía Pyle— a quienes la vida como aventura les está negada, porque si somos empleados subalternos el más pequeño cambio en la rutina del oficio nos haría perder la reputación y el puesto, y si fuéramos jefes principales, el dinero suprime la posibilidad del riesgo, y sin riesgo no hay aventura vital.

Pyle se frotaba las manos esperando ver el efecto que sus palabras causaban en su esposa. Ella le contradecía. Las grandes empresas, para Leland, eran siempre la aventura de muchas vidas.

—¡De acuerdo! ¡De acuerdo! —repetía él, saltando como un chiquitín—; pero los hombres de la aventura en esta empresa no son los que están ahora, aquéllos perecieron en la aventura misma, devorados por los climas o la vida, y sustituidos, sustituidos por nosotros que no somos ni buenos ni malos, ni alegres ni tristes, simplemente máquinas.

III

El aire era sofocante y había que andar, gastar la suela de los zapatos. El paseo los ayudaba a pasar la noche. Cansarse, digerir, hablar midiendo sábanas de grama para pasos perdidos entre casas profusamente alumbradas y a las que las radios a todo volumen daban aire de cajas de música.

Los esposos Pyle callaron: él con camisa blanca, impecable, pantalón de un tejido especial que dejaba circular el aire por sus piernas, y ella de zapato blanco, traje sastre blanco, peinaba como una de sus abuelas, a quien se parecía y de quien pintó un retrato uno de los famosos pintores holandeses del siglo pasado. Hermosa mujer.

Y estas justas palabras fueron las que pronunció Carl Rose, antiguo empleado de la «Tropical Platanera, S. A.», al agregárseles en el paseo nocturno hecho sobre la cubierta de un barco anclado en lo profundo de la noche del Trópico de Cáncer. Sus brazos, de vello dorado a la luz de las lámparas, iban cobrando actividad, a tal punto que más hablaba con ademanes.

Leland, tropezando con las sombras que caían de las ramas de árboles ornamentales, sobrepuestos, bañados por los focos eléctricos, sostenía que aquella explotación gigantesca seguía siendo una aventura.

Carl Rose golpeó la pipa en la palma de su mano, alto, manufacturado en sólo huesos, y atrevió:

—¡Hubo, porque la hubo, la hora de la epopeya; pero ahora, qué quieren ustedes, es una vulgar explotación, una torpe explotación de recursos naturales, de tierras inestimables que nosotros despreciamos!

Mister Pyle estaba de acuerdo con Carl Rose, en cuanto a que hubo la hora de la aventura, cuando se formaron las plantaciones, cuando la maquinaria penetró en la selva; pero no aceptaba que fuese una torpe explotación.

Leland, timbrando la voz con una clara entonación de persona que se consume al hablar, era apasionada y hermosa, aceptó el parecer de Carl Rose: la explotación era algo más que torpe, estúpida, totalmente estúpida. Su sentimiento, al respecto, era tan violentamente femenino, que dos veces repitió esta palabra antes de afirmar:

—Una empresa con tanto respaldo económico, operando a las puertas de su metrópoli, en tierras vírgenes, y disponiendo de mano de obra regalada, pudo ser otra cosa.

—¡Era otra cosa la hora de la aventura, verdad, viejo John! —exclamó Carl Rose—, otra manera de ser es la del hombre que se interna en lo desconocido para extraer recursos naturales benéficos y la del que le sigue en la absurda rutina de no ir más allá, de conformarse con lo conseguido.

—Y lo malo, lo malo —Leland apoyó su brazo en el brazo de su marido—, es que perdido el tiempo se perdió todo, porque las empresas, como las personas, tienen un tiempo para cada edad. Si la aventura es signo de juventud, esta empresa quemó su juventud rápidamente para pasar a la vejez, a la decrepitud...

—¡Opera en el trópico! —gritó el viejo John.

—Dejadme terminar; decía que esta empresa quemó su juventud rápidamente para pasar a la vejez y ser a la fecha el organismo de un anciano que quiere asegurarse los últimos años de su vida, sin inquietudes ni molestias.

—No alcanzo muy bien su idea —dijo Rose, volviéndose a ver como si alguien le siguiera; sensación que le asaltaba a menudo, desde que presenció en una estación de ferrocarril, hace muchos años, dar muerte a un hombre de un disparo por la espalda; él siempre sentía la amenaza en la espalda—, no alcanzo muy bien su idea, aunque insisto, Leland, en que esta explotación bananera ha caído en un *impasse* del que no va a salir.

—Porque la total aventura hubiera sido crear alrededor de esta naturaleza de esmeraldas vegetales la cooperación humana; no contentarnos con la dominación artificial, en cuyo proceso hemos llegado para huir de la muerte a privarnos de la vida, a vivir como cadáveres conservados en cristales, en redes de tela metálica.

—¡Y en alcohol!... —exclamó Pyle.

—Tiene razón. Aquí los hombres sólo parecen vivos cuando están borrachos.

Leland sintiéndose tan lejana de su serenidad cuando dijo aquello, tan lejana como cualquiera de las estrellas que brillaban en el dombo pálido del cielo y que parecían morirse de calor, respirar con dificultad, titilar para darse aire, igual que ellos. Sólo que ellos iban a tomar un refresco y a jugar boliche.

El viejo John lanzó su bola y anotóse un pleno. Quería cobrarse la derrota de la noche anterior.

Leland puso en juego su hermoso hombro desnudo, para lanzar la bola y fue otro pleno.

—¡A fondo! ¡Son unos aventureros! —les gritó Carl Rose, cuya bola se desvió, trepó, saltó, y se la devolvieron—. ¡La segunda bola ya es la rutina! ¡El viejo John debe decirnos dónde, cuándo, a qué hora, cómo empieza la rutina!

—Aquí es donde termina, cuando la bola sale de su mano cesa usted de ser el rutinario jugador de boliche y empieza la aventura de la masa sólida, redonda, impulsada hacia la meta, donde su choque producirá otro capítulo de su aventura personal.

Siempre había que dormir, y era un fastidio. Detrás de las paredes de tela metálica, en la semioscuridad, unos como fantasmas desnudos, anhelantes, alternaban las sales digestivas con los somníferos.

Leland mientras trabajaban los señores en su oficina, se aventuró a ir por su propia cuenta —es fácil desorientarse en los bananales— hasta la casa de Adelaido Lucero, el mandador. El traje de seda cruda, limón pálido, la hacía verse más joven. Sin ser un modelo, era un lindo traje con mangas de kimono. Un quitasol japonés trazaba un hemisferio florido sobre su cabello de oro verde en madejas recogidas en un turbante del color del vestido.

Era fácil desorientarse en un terreno sin puntos de referencia, donde la tierra recubierta por un bejuco de preciosas flores húmedas no cambia, parece siempre igual bajo esa malla de pescar insectos rumorosos. Una cuadrilla de fumigadores asoma a distancia, más parecen soldados de una guerra entre buzos, en el fondo del mar. Para salvarse un poco de la fuerza calcinante del sol, se recubren de acolchados vegetales, hasta parecer, ya más cerca, plantas que se mueven. Unos conectan rápidamente las mangueras a los tubos de fumigación y otros lanzan el líquido a los ostensorios de esmeraldas, cargados algunos, con racimos de más de doscientas libras. El bananal va quedando, bajo la lluvia del «caldo bordelés», recubierto de un ligero sudor celeste.

Leland apuró el paso. Le estaba entrando un como deseo de abandonarse, de abandonar su cuerpo a las inmediatas sensaciones de los sentidos. Sí, quedarse allí, bajo los arcos iris blancos de la lluvia artificial que empapa la atmósfera de braza, al lanzar el agua de los canales dormidos, en pulverizadas nubes de millones de gotitas frescas, a plantaciones que son todavía verdes alardes en cartucho.

Las cuadrillas que se ocupan de la limpia, la ven pasar. Son tantos los peligros que amenazan a la planta que produce la «fruta de los sabios», que en dos largas jornadas diarias se les examina de abajo arriba, mientras el sol entre las hojas desflecadas forma ríos de oro, también pulverizado.

Loros, pericas y otros pájaros de vuelo lento, nubes como espumarajes y otros hombres, con movimiento de topos, regando petróleo crudo en los estancamientos de agua para evitar la propagación del zancudo.

Doña Roselia de Lucero estuvo pronta a ofrecerle una silla. La mejor de la casa. Para señora tan galanota, tan frescota, a pesar de ir acalorada, y a quien como no fuera obsequiándola con esas atenciones no podía significarle su gusto de tenerla en casa, por que ni ella hablaba papa de inglés, ni Leland palabra de español.

Se apaciguaron sus miradas al sentarse. Leland sentóse frente a doña Roselia, que trajo un banquito para recibirle la visita. ¿Qué otra cosa podían hacer que mirarse? Rieron. Ahora ya no se miraban escudriñándose como al principio, sino placenteramente como dos conocidas. Leland ensayó a decirle «bunito» refiriéndose a uno de los Luceritos, el sacaleche, ya los otros dos eran hombres, que andaba por ahí gateando. La madre, en un arrebato de ternura, levantó al chico del suelo hasta la altura de su cara trigueña, lo puso casi sobre su cabeza, izándolo más, luego lo atrajo hacia su pecho para apretarlo.

Leland midió la barrera que el idioma significa entre dos seres humanos que no pueden comunicarse. Cada quien en su mundo, en el mundo de su idioma. El misterio de las lenguas. La confusión de la Torre de Babel. Cruzó las piernas hermosas y terminadas en finos tobillos, sacó su cigarrera de carey y le ofreció un cigarrillo a su muda acompañante, la cual agradeció con el gesto, sin aceptarlo.

Leland fue sorprendida por la carcajada de alguien que reía como payaso. Una risotada fingida, y sin embargo, de una pugnacidad insultante. Y más se sorprendió al ver caer entre ellas al hombre que aún reía destempladamente. ¡Ya-já, já, já, já!...

Vestía un saco lustroso, raído de las bocamangas y el cuello color de ipecacuana; un pantalón más claro, medio gris, ajado, con las rodillas gastadas, casi rotas y de piernas muy cortas. Sus ojos verdes del mismo color que las hojas tiernas del bananal, nariz aquilina, fino de labios, azulenca la barba rasurada sobre el pellejo rojizo, bien peinado y respirando limpieza de agua y jabón. Unos le llamaban Cosi, otros Stoner, otros Lester Mead.

Cosi, Stoner o Lester Mead, no daba tiempo a que las posibles clientes huyeran. Al soltar el borbotón estridente de su risa, ya estaba de cuerpo presente con su mercancía. «Todo lo indispensable para el costurero.» Así decía al dejar de reír, para luego guardar un profundo silencio en el que dilataba los ojos verdes, sacándolos hasta parecer que se le iban a salir de las órbitas. «Todo lo indispensable para el costurero», repetía mirando fijamente sus mercancías, para luego soltar otra interminable carcajada: ¡Ya-já, já, já, já!...

Leland lo felicitó por su sistema de ventas que mezclaba con el anuncio de las risotadas que le saltaban de la boca como agua de un gargarismo que se hubiera echado quemante y la escupiera. «Todo lo indispensable para el costurero.» ¡Ya-já, já, já, já!...

Cosi no contestó a Leland su felicitación, contentándose con mirarla en silencio, perforándola con sus verdes y redondas pupilas, voluntad hecha vidrio. De pronto, medio inclinó la cabeza mostrando la nuca en que el cabello largo le figuraba un como peluquín y tras un momento de estar como desnucado, alzó la cara y soltó su carcajada que hería como si por los oídos de los que le escuchaban pasara alambre de púas: ¡Ya-já, já, já, já!...

Leland le preguntó quién era. La manzana de su cuello se movió como si fuera a dar paso a la respuesta, después de tragar saliva. Contestó en tono mesurado, como un profesor, un pastor protestante o un diplomático. Hablaba un inglés de Oxford y Leland no pudo hacer mejor hallazgo aquella mañana. La señora de Lucero no entendía palabra de lo que conversaban Leland y Cosi. Al despedirse, éste le tomó la mano a la hermosa señora de Pyle y la llamó con la voz del hombre que encuentra una palabra que hace mucho tiempo no dice: amiga.

—¡Silbante... como las serpientes reirían si se rieran!...

Estas fueron las últimas palabras que Leland oyó decir al extraño personaje de «todo lo indispensable para el costurero». ¡Silbante... como las serpientes se reirían si se rieran! Estaba con la mano apoyada en uno de los pilares. A sus pies, de un lado el bolsón de sus preciosos hilos de colores, agujas, dedales, alfileres, agujas de tejer... Uno de sus zapatos roto. Sobre el otro, el escarpín caído.

Leland intentó sonreír a doña Roselia. No pudo. Puso la boca como si fuera a hacerlo, pero más fue aflicción en los labios que sonrisa. Sus ojos de corteza de pan, un poco dorados, observaron atentamente al hombre aquel antes de marcharse. No era el pobre de espíritu que aparentaba ser. ¿Quién era? Acabóse de despedir de doña Roselia, quien llevaba en brazos al vástago, levantando el parasol para decirle adiós. Casi la dejó pasar hablándole desde sus ojos, que, como dos esperanzas con patas de pestaña, cruzó detrás de ella por el frío blanco de sus córneas. Luego se le oyó alejarse con su risa fingida de payaso. ¡Ya-já, já, já, já!...

Sobre su hombro, para hacer algo, Leland Foster, la hermosa señora de Pyle, hizo girar nerviosamente el parasol de flores y avanzó hacia su residencia. El viejo John Pyle celebró la decisión de su esposa de no quedarse encerrada en casa, mientras él trabajaba en su oficina. ¿Le empezaba a gustar el ambiente? ¿Se quedaría mucho tiempo en el trópico, a donde vino de vacaciones? ¿Qué reflejaba su semblante complacido al acercarse de vuelta de donde Lucero, cerrar el parasol y pedir un poco de agua de soda con whisky y hielo? Saludó a su marido con un beso, luego dio la mano a Carl Rose y Ernie Walker, un jugador de póker que usaba un mechón de pelo en la frente.

Antes que ellos hablaran, Leland les contó su peregrino encuentro con aquél al parecer pobre de espíritu que hablaba un inglés impecable. La discusión se entabló en seguida. ¿Qué entendía ella, qué entendían ellos, qué entendía el mundo, por inglés impecable? Lo impecable en estos casos huele bastante a cal de osamenta. Los que gustan del uso de palabras fósiles, se dice que hablan impecablemente un idioma. Pero el inglés que ellos hablaban les resultaba más vivo, por mucho que a Leland le pareciera de una pobreza vergonzosa y de una barbarie de gigantes que han vuelto a la niñez y ya no hablan, sino balbucean, dicen las palabras a la mitad, por ganar tiempo, o las juntan para formar vocablos de una endiablada jerigonza comercial.

Pocas cosas se hacían en la tarde. Más bien no se hacía nada. La siesta, echados desnudos en las camas. Los silenciosos empleados que habían dejado trabajo pendiente en la oficina, volvían un rato a la tarea. Por entre el humo negro de las locomotoras que realizaban el trabajo de patio en una estación llorosa de sauces, sin edificio, fuera de altos depósitos de agua, plateados por la pintura de aluminio, las primeras estrellas en su gran oficina, en su trabajo nocturno de dar y quitar comunicaciones con el Ser Supremo, y el croar amodorrante de las ranas.

Adelaido Lucero volvía a casa ganado el descanso. Hay días en que no alcanza el tiempo para nada. Lucero ordenaba el quehacer a horario, pero ni así lograba cumplir con lo del día. Le rodeaban sus hijos. Sentíase al volver a casa por la noche igual que un árbol con bastantes cocos al tocar las tres cabezas de racimo. El último era el consentido. Al sentarse su padre corría gateando hacia él. Parecía lagartija. Así le llamaban cariñosamente.

—Vean, pues, ya viene la lagartija...

Y el chiquillo de color de canela, como si entendiera lo dicho por su padre, manoteaba el suelo para llegar más rápido y, en llegando a sus pies, se agarraba de sus rodillas pugnando por subirse a sus piernas. La mano paternal venía en su ayuda.

—¡Carajito! ¡Sos mijo, por eso te aguanto! ¡Sholquito, sin dientes, no te van a salir los dientes, vas a ser el primer hombre desdentado de la creación!

—Estuvo aquí la señora de don John —le contó su mujer—, pero mejor no hubiera venido, porque no la pude atender bien. Con eso de que no le entiendo, ni ella me entiende a mí.

—¿La sentaste?

—Pues naturalmente, ya ni que fuera dealtiro... Aquí se estuvo un buen rato, hasta que vino Cosi; con él, sí habló esa jerigonza que hablan ellos y que sólo el diablo entiende.

Lucero hizo gesto de enterado y callaron. La lagartija le quería meter un dedo con todo y el bigote en la nariz.

—Dale un su chipotazo —le dijo ella.

—¡Qué mismas, verdá, mijo! ¡Ya pegándole yo a mi muchachito! ¿Y qué se hizo Cosi?

—Pues vieras que no vi para donde agarró. Ese hombre, no está a la vista y cuando suelta la risotada, ya lo tiene uno encima. Y así se desaparece, sin que uno sepa a qué horas ni por dónde. ¡Loco de porra!

—Loco y lo que vos querrás, pues es hijo, hijastro o ahijado de uno de los que ganaron a la selva, en lucha con la marisma, con el mosquito, con la fiebre, con el lagarto, con la serpiente venenosa y el diablo, esta lindura de tierras para las plantaciones. Sin ellos, nada de esto existiera. Los de la descubierta... y ahora que me acuerdo... ¡Quitá, Lagartija..., se me olvidaban unos pa-

38

peles, mister Pyle debe tenerlos, voy a ir allá con él, enseguiditas vuelvo!

Lagartija lloró mucho al desprendérselo su padre. Lucero llegó a casa de mister Pyle cuando se despedían los amigos.

—Entre, Lucero —lo invitó a pasar mister Pyle.

Adelaido se descubrió, oyendo, sin entender, lo que se decían al despedirse. La que más hablaba era doña Leland, que acompañó a Carl Rose y Ernie Walker hasta la puerta. Cuando se volvió Leland para subir las gradas de la pequeña escalera que daba a la salida de la casa, tuvo la impresión de que su marido y Lucero hablaban en una jaula de alambre, igual que dos aves que picotearan el aire y estuvieran vestidas como gentes. Lucero dobló unos papeles, despidiéndose de Pyle y se encontró con ella en la escalera.

—Ya supe —le dijo sin saber si cubrirse o no— que estuvo usted con el engatusador ese que se ríe como mico gritón, y dígale a mister Pyle que le cuente quién es, porque valdría la pena que alguien como usted lo aconsejara. Mi mujer dice que cuando usted le habló él le puso mucha atención, se fijó mucho en lo que usted le dijo. Su esposo le contará. A mí y a todos nos da lástima verlo así, casi descalzo, con ropa ajena, sin sombrero, loco...

Leland no entendió palabra de lo que le explicó Lucero con el aplomo del que cree que hablando despacio hace comprensible lo que dice; pero su esposo le tradujo. Al marcharse Lucero, ella movió la boca buscando a recordar cómo lo había puesto para sonreír a doña Roselia, sin lograr más que un gesto de aflicción.

Siguieron días de lluvia, días y noches de lluvia que la obligaron a permanecer en casa. Su marido iba y volvía hecho un fantasma de capa con capuchón, paraguas y zapatones. Se ausentaron los amigos. Cada quien en su casa. Cigarrillos, libros, whisky. Se hablaban por teléfono y por teléfono un día al atardecer llegó Cosi, caía por el teléfono, por la bocina del teléfono riéndose con su horrorosa risa de chicharra, moviendo los ojos verdes, como una estatua que de repente se pusiera a pasear las pupilas de un lado a otro.

39

Leland al verlo, empapado, destilando agua y así y todo riéndose, trajo una toalla, unas pantuflas y alguna ropa de su marido para que se cambiara: Se cambió, tomó un cigarrillo de una caja de laca que contempló largo tiempo, y frotó el fósforo para encenderlo, como si se fuera a quemar la cara. Ahora, pensó Leland, qué hago si no se va de aquí, cuando ya no quería que se fuera.

Tury Duzin, juvenil y estirada campeona de lawn-tennis, anodina, terriblemente parecida a una máquina de sumar, los senos del tamaño de dos pelotas de tennis, recibía en su casa de empleada principal, secretaria de mister Dimas, a bellas amazonas matinales domingueras cuya vecindad y diario trato no impedía que el domingo se vieran como si no se hubieran visto entre semana.

De uno de los caballos, al terminar la cabalgata, echaba pie a tierra Nelly Alcántara, a quien Tury Duzin ayudaba a desmontar. Todos los domingos pasaban la tarde juntas. Un almuerzo frugal, amistoso y luego la dictadura de la campeona de tennis que exigía a su amiga declaraciones amorosas.

Tury Duzin, la Coronela de las oficinas, tenía color de arena seca que con el cabello negro, corto, peinado por en medio, le daba aire varonil. Su ponderación refinada ocultaba sus instintos de asaltante del desierto tan adentro que mujer alguna, cerca de ella, sospechaba el peligro en que se hallaba, sino en el momento de recibir el zarpazo, ya cuando no tenía salvación. El lodazal móvil de una ternura sexual empalagosa sustituía entonces su manera de ser poco expresiva, hasta hacerla llorar, gota por gota, como si filtrara el llanto. «¡Oh, virgen desolada, se decía ella misma con la voz ronca, te comiste a la mujer que había en ti y te quedó el hombre que no pudiendo ya saciarse de tu ser, busca en las otras la carne apetecible!»

El amor de Tury Duzin por sus preferencias nacía de esa necesidad de ser femenina y por eso, fuera de la oficina, no soportaba a los hombres y se rodeaba de amigas a quienes agradaba su trato exquisito, su mimosa coquetería para cortejarlas. Ditirámbica, obsequiosa, fuera de su tipo varonil, era una linda mujer-hombre que a las seis de la mañana empezaba a hacer gimnasia, desayunaba frutas, trabajaba, como una máquina toda la mañana y parte de la tarde, después de un almuerzo a base de verduras, y al regresar a casa y sentirse ociosa, se tiraba a un diván, como una bestiezuela, a esperar que llegaran las amigas, entre las que Nelly Alcántara era ahora la preferida.

Tury Duzin abarcaba el talle de su amiga, pasándole el brazo por la espalda, el brazo derecho, y la besaba en la boca, mientras con la mano izquierda le hundía los dedos, por el pliegue de la nalga entre la piel y el calzoncito.

Del pueblo en formación, llegaba a favor del aire, a despertar a las dichosas amantes, el ruido de azadón de una campana colocada en lo alto de la iglesia a medio construir, donde la gente entraba a rezar, aunque había los mirones que se metían a ver qué pasaba. Nunca pasaba nada. Pero alguna vez algo tenía que pasar y era necesario estar presente. Algo tenía que pasar allí donde estaba Dios.

Adelaido Lucero, su mujer y sus hijos, dos varones mayores, Lino y Juan, así como la Lagartija, cómo no iban a estar presentes, si todo el mundo andaba por la plaza viendo, oyendo, paseando los trapos nuevos. Unos de a caballo en las esquinas. Sin duda oficiales francos. Otros rodeando una rueda de la fortuna. Gastar los pistos. Para qué otra cosa sirve el pisto, si no era para gastarlo. Samuel, el chamelquito, con la futura echándole miradas traidoras a los perfumes de la vitrina del chino. Un negro, con otros dos negros, esperando que empezara el baile público.

Lucero, su mujer y la prole entraron a una barbería llamada «Los Equinoccios». Mala cara hizo el barbero, porque creyó que le iban a imponer trabajo. Pero cuando supo que era visita, abrazó a los hijos de Lucero y al más chico lo levantó en brazos. Luego les ofreció los sillones. Doña Roselia no quiso sentarse donde se sientan sólo los hombres. Prefirió una silla. Lucero entró en «Los Equinoccios», para cerrar el trato de unas tierras que hace tiempo quería comprar.

—Verdá, vos, Roselia, que algo tenía que pasar. Para

eso está Dios los domingos en la tarde. Ahora ya tenemos la tierra para los muchachos. Este Lino y Juan Lucero van a ser agricultores propietarios.

—Ya sabés —dijo doña Roselia de regreso a casa, mientras al lado de los platos de fríjoles enteros con un volcancito de chiltepes, les servía al tata y a los hijos el café prieto, chingastoso, humeante, endulzado con rapadura—, ya sabés lo que me vine pensando todo el camino: ¡éstos con la tierra que les venís de mercar van a ser mejor que nosotros que nunca fuimos nada por falta de tener algo que digamos hubiera sido propiamente nuestro!

—Sí, pues, si no hay como tener uno lo de uno; el que trabaja en lo ajeno nunca pasa de zope a gavilán; si no veme a mí, después de trabajar años, estoy en la misma y tal vez peor porque ya no es como antes en que todo el mundo trabajaba con la boca callada, contentándose con ganar lo que les pagaban…

—De verdá, pues…

—Ahora ya dispertaron y los paganos somos nosotros, los que como yo de pie tengo que estarles diciendo que tengan paciencia, que todo se va a arreglar por las buenas…

—Sí, porque ya andaban con amenazas; quizás te contó Lino.

Lino alzó los ojos del plato de fríjoles, se tragó el bocado y con la voz un poco ruca porque aún estaba comiendo, explicó:

—Pero eso, nana, era por otra cosa, no tanto por la paga…

—¡Ah, sí… —dijo el padre—, por las picardías que les hacen a las mujeres; no ves, pues, que no puede andar mujer sola sin que se le arrebiaten detrás para ver dónde le dan la caída!

—Y lo peor es, que los que tienen mando, las llaman con engaño a su casa y allí les faltan —exclamó Juan, el otro hijo de Lucero, a quien parecía tocarle muy de cerca aquel proceder infame.

—¡Y a vos como que te duele, mijo! ¡Contame, que para eso soy tu tata!

—¡No es que me duela a mí, es que nos duele a todos!.

IV

—Un líquido sumamente volátil... —dijo mister Pyle, de espaldas a una alacena, al tomar de un frasco pequeño un poco de bencina para su encendedor. Luego volvióse, y mostró la cara sonriente a su amigo Carl Rose que estaba profundamente contrariado.

Perder a un amigo de tantos años, como John Pyle, era tan doloroso como dejarse amputar un brazo, una pierna, algo del cuerpo de uno. Salió cariacontecido. Lo menos que podía pedirle al viejo John es que no le exigiera que lo fuera a dejar a la estación, en su pequeño automóvil. Buscó pretextos. Se calentaba tanto el motor que más parecía impulsado por vapor; y el vapor de agua al saltar de la trompa del radiador, empañaba el vidrio delantero que falto de parabrisas no habría cómo limpiarlo. Y sin ver el camino fácilmente para poder conversar ¿a qué iba a la estación?

John Pyle, ante las razones de Carl Rose, usó por última vez el automóvil de la oficina, manejado por el negro Soledad, el cual sabiendo que el patrón se iba para no regresar nunca, estuvo con él más solícito que de costumbre, ayudándolo a colocar el equipaje, sus sombreros, sus abrigos y otros chunches.

El divorcio dejaba a John Pyle en libertad de casarse otra vez. Era la única desventaja que le veía al divorcio: el peligro de un segundo matrimonio. Tury Duzin, acompañada de Nelly Alcántara, vino a despedirle. Nelly le molestó con una carta para una amiga de Chicago. Al pasar el automóvil por la casa de Lucero, doña Roselia no pudo ocultar su pena. Eran lágrimas de criolla vieja las que le brotaban cada vez que le decía: que le vaya bien, mister Pyle. Ernie Walker, el jugador de póker, con su mechón en la frente y el eterno cigarrillo de Virginia en los labios, estuvo en la estación. Alguien que le diera un buen apretón de manos al despedirlo.

John Pyle nunca había visto tan verde el campo, tan negro a Soledad, tan adormecida en ópalos de neblina la mañana fresca, tan racimos los racimos, tan dulcemente azul el veneno bordelés que arrojaban los escopeteros hacia lo alto y tan escurridos hacia la nada los bananales enfermos con el mal de Panamá.

En el tren ocupó el único sitio vacío, al lado de una señora gorda, cuyas carnes, como si tuvieran voluntad ajena a la de su dueña, empezaron a llenar el mínimo espacio que en vano trataba él de conservar para sus huesos, entre la hemisférica dama y el borde del asiento. Hasta llegó a sentirse gordo. Con las carnes de ella pegadas a los huesos cualquiera era gordo.

El mediodía calcinante. La estrechez. La incomodidad. Tanta gente en un solo carro. Se recogió las mangas de la camisa hasta los codos. La señorona ya le había sonreído dos veces con una risa dulce, de colegiala gorda, mientras ensayaba con los dedos alhajados piezas de piano en el cristal de la ventanilla, cerrada para evitarse el polvo de las peñas que temblaban y se desmoronaban al pasar el convoy, y el humo de la máquina en que vuelan chispas y carbones. El calor no era para hablar, pero al refrescar, se hablaron. Cuando el tren empezó a trepar por la cordillera. Después de todo, el destino los había juntado en un estrecho límite cuerpo con cuerpo en aquel viaje. ¿Qué otra cosa es toda unión de hombre y mujer? Se destaparon unas cervezas pedidas por mister Pyle, ella extrajo de un envoltorio varios panes rellenos con jamón y queso, pollo y huevo duro. Ya amigos, mister Pyle pudo colocarse mejor, procurar que alguno de sus huesos no cargaran tanta carne, y, otros que necesitaban, tuvieran su mullido tejido adiposo perteneciente a la señora, en calidad de préstamo durante el resto del viaje.

—Sesenta veces hago este camino al año, y estoy harta —dijo ella— de reclamar que pongan más carros cuando viaja gente de México, porque entonces esto se repleta y viene una que ni sabe cómo estar; usted que debe ser de los cabezones, en la compañía, intervenga; es por el bien de todos, de ustedes mismos, se desacreditan, no se dan a querer...

Mister Pyle no contestó.

—Sordo lo dejé con lo que le dije, pues ai le voy a decir que sí los queremos, que nos caen bien porque chupan mucho.

—Gracias por la parte que me toca a mí...

—No, si no estamos repartiendo; los queremos así en montón a los que han venido a desafiar estos climas, para que otros de sus compatriotas vivan allá catrinamente; es verdad que los que mandan aquí, allá no serían lo que son entre nosotros; pero así la vamos pasando...

La vegetación cambiaba en la meseta, árboles de hojas de metal sobre cuyas superficies se hubiera echado pintura verde, aceitosa. Una profunda sensación de libertad y de frescura nacida del aire liviano que circulaba entre las hojas. Los árboles eran cuerpos respirables, entraban por la nariz, paseaban por los pulmones y volvían a salir para estar donde estaban. En las costas, en cambio, cada árbol era una masa compacta, un colchón verde, apelmazado sobre la gente igual que los colchones que los gitanos se echan encima para dormir.

Los viajeros se enfundaron sacos, *sweaters* y abrigos.

—Conviene no salir tan destapado, hay que pensar que venimos de la costa —dijo la compañera de mister Pyle, que ya para despedirse le contó que se llamaba Clara—, pero por el color —añadió— me llaman Clarinera. En el Hotel Buena Vista de Ayutla, pregunte por la Clarinera y se le atenderá como se merece...

Un viajero que dormitaba en el asiento de atrás, medio despertó y sin levantar la cabeza dijo:

—Se le dará su pan de corona...

Ella se volvió a decir:

—¡Pesado, metido, quién le tiró el hueso!

—Quién habla de tirar... —masculló el que dormitaba en el asiento de atrás, con la cabeza sobre el respaldo, el sombrero en la cara y respirando con dificultad.

45

La Clarinera no le hizo caso. Pyle desdobló las mangas de su camisa sobre sus antebrazos delgados y peludos y se puso la americana después de comprobar si llevaba completos sus equipajes de mano. Maquinalmente se sacudió las hombreras. Siempre la caspa.

En el hotel, no quiso buscar la hospitalidad de sus amigos los Thorton, ocupó una silla, frente a una mesa redonda cubierta por una frazada donde alguna vez, por los trazos, veíase que habían aplanchado ropa de hombre, y empezó a abrir las cartas que le recomendaron para entregar a diferentes personas. Antes, nunca lo habría hecho; pero en cierta ocasión se le metió entre ceja y ceja abrir uno de esos encargos epistolares, y el tal empezaba así: «El idiota que lleva esta carta...» Desde entonces, carta que le recomiendan, carta que abre, si no le interesa lo que dice, se lee a la ligera, sólo sobándose los ojos, y si le interesa, la deletrea.

Se afirmó los lentes al empezar a leer la carta que la suave miss Havisham escribía a su madre. Miss Havisham era una mujer de cerca de cincuenta años que se esforzaba por agradar a todo el mundo con sus finos modales de persona muy bien educada, aunque no lo conseguía porque era innato en ella un modo altanero, pedagógico, de persona que siempre está dando clase, y porque en lo tocante a disciplina de horario y cumplimiento del deber, era implacable. Torcía la boca de bozo depilado, fruncía el ceño y toda ella, nerviosamente, caminaba cuando hablaba de la rectitud, el carácter, la puntualidad y otras virtudes para ella intocables.

Escribía a su madre una carta a propósito del divorcio de John Pyle y Leland Foster, en la que decía:

«Por el mapa que tienes podrás guiarte... ese mapa que te envié hace dos años sigue siendo el que guardan superficialmente las cosas por aquí. El collado que ves al norte, donde abundan ·pájaros de lindas plumas, me parece que influyó mucho en la decisión de Leland Foster. Los collados en que el mineral está sometido a capas vegetales muy profundas atacan los tejidos del alma con una humedad que en el ser se torna sentimiento de vaga melancolía, de insatisfacción por lo que se tiene. La señora Pyle rió cuando le dije que no se aventurara mucho en sus paseos a caballo por ese lugar. Su personalidad que parecía ajustada a nuestras más rigurosas tradiciones se desquició. Todo lo demás ya lo sabes por mis cartas anteriores. Un aventurero se quedó con ella y el pobre esposo:

Mister Pyle no pudo hacer otra cosa que rascarse la cabeza, en aquello del pobre esposo y seguir adelante...

«... El pobre esposo es de los que cree que las mujeres somos diferentes a los hombres por ser mujeres; vivía entusiasmado y entusiasmando a todo el mundo por lo que llamaba la epopeya de los que fundaron esta empresa gigantesca; de los forjadores, de los que arrebataron a la selva estas tierras fértiles y laborables y, cuando Leland se encontró frente a uno de esos grandes aventureros, no vio cómo era, lo adoptó, porque eso es lo que hacemos las mujeres de cierta edad, adoptar a los hombres que queremos... La juventud perdida, mi querida mamá, significa el hundimiento en la nada de la vida de los días de ese tiempo en que nos era dable amar sin adopción...»

Pyle rió de muy buena gana. La misiva traducía de una manera muy aproximada algo de lo que pasó. Lo único nuevo, para él, era lo del collado situado al norte, donde abundan pájaros de lindas plumas y minerales sometidos a capas vegetales muy profundas...

Dejó sobre la mesa la carta de la inefable miss Havisham y abrió el sobre de la carta de Nelly Alcántara, la amiga de Tury Duzin. Para mister Pyle estas damitas eran adorables, porque formaban un mundo aparte, cómodo para el sexo masculino, porque el hombre les era realmente un ser sin importancia desde el punto de vista en que el hombre tiene importancia para las mujeres. Cuando hablaba con ellas, el viejo John sentía una agradable sensación de no estar defendiendo nada, su sexo por de pronto, que es lo que el hombre está defendiendo siempre en presencia de la mujer. Sentía el viejo John que podía abandonarse como el que nada de espaldas sin peligro de ninguna especie.

«Leland Foster —decía la carta de Nelly Alcántara— rompió con su marido, un ser adorable por inofensivo, en opinión de Tury Duzin, que ahora está haciéndose sentir que me adora; el mundo tendrá que volver a lo que fue antes, cuando el amor era, entre personas del mismo sexo, la única fórmula de felicidad. Lo malo es que Leland se ha ido detrás de otro hombre, que pronto será su marido, y que habla de estupideces tan grandes como las de rehumanizar el mundo, implantar la justicia social... para mí es insoportable... sólo siento ganas de verla cuando toca el piano; Mozart me parece admirable en sus dedos, y Tury Duzin está celosa, no de Mozart, sino de los dedos de Leland. Y a propósito de mi melomanía, una pasada divertidísima. Volviendo de una cabalgata nos detuvimos en casa de unos nativos, gente conocida y buena de apellido Lucero. El tema a discutir era el clavecín, que para mí, como instrumento, me parece adorable. En medio de la ventolera que armóse allí, los criollos asistían con los ojos pelados sin entender nada, me tacharon de melómana, supermelómana, hipersupermelómana... y quién te dice, cuando por la tarde terminamos la siesta, el dueño de la casa aquella estaba frente a la puerta con una red de frutos dorados, unos exquisitos melones... Y lo más chistoso, creyeron que yo tenía antojo de comer melón por encontrarme encinta; y entre esta gente hay la creencia de que el niño o niña sale baboso, cuando la madre no satisface sus antojos. ¿Yo encinta?... Encinta de Tury Duzin, tal vez cuando los dioses vuelvan a la tierra.»

Las otras cartas que leyó, cinco por todas, eran de sus compañeros de oficina, a cuya guarda está confiada la mortalidad de la cretinez en la tierra. Uno, el plúmbeo mister Kobler, censuraba en él su inclinación a las fantasías, su falta de solidaridad con la Compañía y de aquí sacaba que siendo Leland, su esposa, parte de la Compañía por ser norteamericana, al abrirse una fisura en la fe que se debe tener en sus métodos, la dejó al arbitrio de escoger otros caminos, y mujer que escoge caminos, ya se sabe que escoge...

Mister Pyle arrugó la carta y escupió una maldición. La marrullería del plúmbeo mister Kobler llegaba a tanta vileza que esta última frase venía escrita en español y en el último «escoge», algo borroso el «es».

Después de todo, qué se podía pedir de aquel honorable credo que sólo levantaba las posaderas del sillón de su escritorio para ventosearse, que jamás sacó las narices de los libros de contabilidad, que tenía una mujer histérica...

Pyle volvió a encender el cigarrillo que se le apagó en la boca colgado de su labio inferior mientras leía las cartas. No podía censurar esta conducta a sus compañeros. El también escribió a sus amigos de Nueva York, cuando el curandero, brujo o Chamá, Rito Perraj dispuso curar a la señora de Kobler de su histerismo.

Hizo que la izaran en un cocal, abiertas las piernas al subir al cocal, como si efectivamente no la hubieran ido encaramando con los lazos que la sostenían por la espalda, sino ella ascendiera por su propia cuenta, ayudada de manos y piernas, sobándose, frotándose, restregándose. No es mentira. La buena señora estuvo sin que le dieran los ataques como un año.

Llamado de nuevo Rito Perraj cuando la repitieron, este gran Chamá olió a la señora de Kobler y dijo: «Ya quiere volver a fornicar con el palo.»

La cara que hizo el plúmbeo mister Kobler...

Rompió las cartas hasta hacerlas pedacitos de pedacitos. Ni guardarlas ni llevarlas. En todas ellas había algo de verdad. Hasta en las otras dos, donde le llamaban «cornudo magnífico». «Otelo con gafas de pastor protestante», sin faltar aquel que decía que lo único que su mujer había hecho era cambiar de loco. Lo que le inquietó cuando tomó en sus manos el montón de pedacitos de papel, para arrojarlos al recipiente del *water* y echar agua, igual que si alguien hubiera defecado, fue haber roto la carta del «collado situado al norte, donde abundan pájaros de lindas plumas y minerales sometidos a capas vegetales muy profundas...».

Una causal de divorcio, quedóse pensando mientras el agua del inodoro se llevaba los papelitos, poética y desconocida. Volvió a la habitación, desnudóse maquinalmente y se acostó. En su maleta venía una botella de whisky. Las personas que, como él, se respetan en lo que valen y han estado en la costa muchos años, no se acuestan sin un cuarto de botella, por lo menos, entre pecho y espalda. Saboreó el licor. Lo tuvo que tomar en un vaso ordinario hediendo a dentífrico.

Nuevo día, nueva vida. Despachó, en las horas de la mañana, algunas cosas pendientes de arreglo en las oficinas de la gerencia. Por las alfombras, entre las paredes festoneadas de maderas y ventanales en herrajes de estilo español californiano, alfombras de un solo color malva, fue hundiendo los zapatos con la sensación de que iba a ver al arzobispo. Al verlo entrar, simplemente se puso en pie un hombre mucho más alto que mister Pyle, lo saludó con la voz fuerte, al tiempo de botar sobre él sus ojos colgados de la cornisa de una frente estrecha, de la que arrancaba hacia arriba y hacia los lados un copete de pelo en forma de cola de gallo. De espaldas aquel hombre era más delgado que de frente. En una máquina silenciosa escribía una secretaria de pelo cano.

Entre paredes exornadas con mapas y fotos panorámicas de las plantaciones y edificios de la compañía, el altísimo gerente siguió hablando con la voz fuerte, sin separar sus ojos de Pyle y entrearrugando la poca frente que le dejaba el copete de pelo.

Del escritorio, mientras sonaba la campanilla sorda del teléfono, tomó un fajo de papeles y lo extendió ante el visitante. Luego, casi sin mover el cuerpo de la cintura para abajo, dio media vuelta, igual que si estuviera desganado, y tomó el teléfono con una mano de largos dedos cabezones, para contestar.

Mister Pyle, a quien el fajo de papeles era muy conocido, ni siquiera lo miró. Lo tuvo en la mano y cuando el gerente colgó el auricular, dijo pausadamente:

—No vale la pena seguir adelante; mi opinión es ésa: si en lugar de efectuar nuevas plantaciones, nosotros compramos a los productores particulares su fruta, se ganará mucho hacia el futuro. Las condiciones de trabajo, en el mundo, están modificándose de día en día, y no contamos, desgraciadamente, con una substancia venenosa que acabe con el socialismo como el caldo bordelés detiene la sigatoga.

—Muy bien. Se está acabando de pasar el informe en limpio, para elevarlo a la famosa gente de por allá.

El término vago con que el gerente designaba a la central de la «Tropical Platanera, S. A.», en Chicago, siempre fue molesto para el viejo John, pero ahora lo sublevó.

—¡Esa famosa gente de por allá no tardará mucho en saber lo que por aquí pasa, y, entonces, no valdrán amenazas de que nos vamos con la música a otra parte, ni barcos, ni diplomáticos!

—Todos, acaso, lo piensen así, pero como siempre hay algo por hacer, esa gente de por allá hace antes lo que está por hacer y ya harán lo que falta: leer su dictamen, señor Pyle.

El viejo John se despidió del gerente, que se quedó con los brazos inútilmente colgados en sus mangas, frente a su escritorio. No se puede perder tiempo hablando en el vacío con personas que están fuera de la realidad en formación, que es la realidad que sustituye a la realidad de hoy.

Se refugió en el Club Americano. Los habituales. El cordial saludo del cantinero y los sirvientes, desde el negro de la portería hasta Chilo, el que cuidaba los servicios interiores. No tuvo necesidad de pedir su copa. Mientras dejaba el sombrero y el cartapacio sobre la extensión del mostrador del bar que abarcaba un gran espacio, le colocaron su consabida copa de whisky y el agua mineral en una botella que parecía sonreírle con su efervescencia.

—Unas boquitas calientes, mister Pyle... —dijo el cantinero, Jacinto Montes.

Los amigos de todos los días se fueron juntando a tomar la copa y celebraban el aparecimiento del viejo John con unas cuantas tandas de tragos. Cada quien calculó cuánto hacía que no lo veía; algunos habían estado por las plantaciones y allá lo saludaron, y de este cálculo sacaban pretexto para beberse otros tragos. Al promediar la tarde, sólo quedaban, en el gran salón, Jacinto Montes, mister Pyle y uno que otro criado, de los que esperaban que se fuera el último cliente para cesar el servicio.

—Mi ocupación, ahora, es ésta, Jacintón... —dijo, señalando su copa al cantinero, para excusarse de estar allí cuando todo el mundo andaba trabajando; pobres escrúpulos de un hombre que cuando no estaba en la oficina sentía remordimiento, como si le estuviera robando a alguien.

Jacinto Montes, por hablar de algo, le contó que habían matado a una su conocida por el Seminario. El viejo John no le puso asunto; frotaba la copa de whisky en lo que de su precioso líquido se había derramado sobre el mostrador.

—¡Pobre aquélla! ¡Ve a lo que vino, sólo a que la ultimaran singraciamente!

Encendieron las luces del Club Americano. Pyle, borracho perdido frente a la eterna copa llena, ya casi ni movía las pestañas. Era su mayor disgusto ver la copa vacía y, por eso, se la llenaban; y, al estar llena, la vaciaba.

—Me la bebo, no porque me guste, no porque la necesite, no por nada, sino por eso, porque soy enemigo de ver la copa llena...

Al vaciarla, violentamente somataba la copa en el mostrador, gritando con sordina:

—Es mi mayor disgusto ver la copa vacía. Hay que llenármela...

Y al estar llena, sin pérdida de tiempo, titubeando las palabras, repetía que una copa llena era lo que más mal le caía en el mundo y se la embrocaba, ya chorreándosela por las comisuras de los labios.

El portero negro entró con el diario. Ahí estaba el retrato de la amiga de Jacinto Montes, de la asesinada. Mister Pyle, al extender el cantinero la sábana de papel, se fijó en la efigie de la mujer muerta. Era la Clarinera.

—Esa mujer la conocí yo y sé quién la mató... —dijo Pyle embroncando la cabeza sobre el mostrador, con el sombrero metido hasta las cejas.

Jacinto Montes hizo a los criados que habían vuelto al turno de servicio el gesto de qué va a saber este pobre gringo; pero el viejo John, tal vez adivinando lo que aquél decía, se enderezó como pudo y mandó que le pidieran un automóvil de alquiler para ir a la policía. El estaba seguro de conocer al asesino.

Jacinto Montes, cuyo turno terminaba, le ofreció acompañarlo. Lo tomó del brazo. Por fortuna no era muy grande. Los hombres de poca estatura, cuando se embriagan, son más fáciles de llevar. En la policía, Pyle dio la declaración de la escena que presenció en el tren. El individuo que venía detrás de la Clarinera haciéndose el dormido y que la provocó, ya para llegar a la estación central, ya cuando el tren estaba en agujas.

Repentinamente le nació al viejo John un gran amor por la Clarinera. Campaneando la cabeza de un lado a otro, exigió que tomaran un automóvil, él lo pagaba, para ir al anfiteatro. Tenía que verla por última vez. Ratos parecía que lloraba, pero más era el hipo de la borrachera.

—Pues más vale que vayamos, si él quiere —dijo Montes a un compañero que se les agregó en la calle y que también conocía a la Clarinera.

Detuvieron un automóvil por el edificio del telégrafo, echaron la preciosa carga norteamericana al asiento de atrás, junto a él sentóse Montes, y con el chofer, el acompañante.

A Pyle se le fue la borrachera al acercarse a la losa en que yacía desnuda la Clarinera. Su cabellera abundante, negra como el carbón, le formaba almohada de luto. La cara torcida, tumefacta, entreabiertos los ojos, fijamente puestas en lo vago las pupilas, la papada le caía de un lado, del lado en que tenía medio vuelta la cara. Debajo de uno de los pechos oscuros, de pezón prieto, arrancaba la cuchillada que a medida que bajaba al vientre se abría en rebordes sanguinolentos y grasosos.

Salieron callados. El guardián del anfiteatro, hombre gárgola, pulpo, araña, de orejas acucharadas, renco y tembloroso, guardó la moneda que le alargó Montes, mostrando los dientes blancos en señal de agradecimiento.

A la hora de cerrar el Club Americano, donde Montes y su amigo dejaron a mister Pyle, éste apuraba las últimas copas de la noche para olvidar aquel tajazo de navaja de barba o puñal muy afilado que le arrancó la vida a la Clarinera. Uno de los criados le informó que no había sido por el Seminario, sino cerca de la estatua de Colón.

Dos sochantres vestidos con su traje talar, seis moros vestidos como diablos con cuernos, un burro del tamaño de un elefante y él detrás desnudo, con una palangana en la mano. Soñaba. Los pies como paletas con flecos, las rodillas como tumores de tronco de árbol. La secretaria del gerente de la «Tropicaltanera» le seguía con un arco de violín entre las piernas. Dos valijas, veinte valijas, treinta valijas. Era horrible tener que viajar no como un simple pasajero, sino como el representante de una compañía de teatro. Se logró precipitar por un trampolín a un tanque vacío en el que no cayó nunca. Esa famosa «gente de por allá» no estaba en ninguna parte y, sin embargo, él, antes de arrojarse del trampolín, la había encarnado en las plantaciones. Sería una diezmillonésima parte lo que de esa famosa gente de por allá, él, John Pyle, encarnó treinta y seis años, tres meses, veintitrés días. Y la encarnó ante la «pobre gente de por aquí». No era mala esa táctica de a una cosa oponer otra. Entusiasmaba a las masas la simplicidad de este sistema. A lo negro oponer lo blanco, a lo sucio lo limpio, a lo feo lo hermoso. Un sencillo discurso, que empezara así: «Vuestras casas tienen cuatro metros por ancho, las casas de ellos cuatrocientos metros sólo de jardín. En las vuestras todo falta, en las de ellos todo sobra. Vuestras mujeres andan vestidas con ropas interiores ordinarias, las de ellos con ropas de seda tan delgadas como alas de mariposas. ¡No sólo vosotros, sino los gusanos de seda trabajan para ellos! S. O. S. diez acorazados, seis destróyers, nueve torpederos, todo a toda máquina para deshacer ese mal pensamiento de que no sólo vosotros sino los gusanos de seda trabajan para ellos. Hay que ir por el juez y llevarlo a que declare la estatua de Colón, quien mató a la Clarinera. ¿De qué le sirve haber descubierto América si no puede contestar quién mató a la Clarinera? La mató un hombre que tenía de un lado mano y de la otra sola bocamanga. Le hundió el puñal con el brazo en que sólo tenía la bocamanga. Ella se desplomó como un costal de arena negra...

... Largo rato pasó despierto sin saber dónde estaba. La luz de una ventana bañaba la habitación para él desconocida. Sabía que estaba en una cama, bajo unas frazadas, al lado de una mesa de noche, pero no sabía dónde estaba; eso que no era el sitio en que estaba soñando, sino el edificio, la casa o lo que fuese. Sin duda un hotel, a juzgar por el mobiliario. En la capotera su sombrero. Se decidió a tocar un timbre y presentóse un sirviente. Era el hotel «Metrópoli».

—¿Metropol? —preguntó para estar más seguro.

—No, señor —le contestó el criado—, «Metrópoli».

Le pareció mejor que el hotel en que estaba. Iría por su equipaje. Hay que pagar allí. Manden ustedes mejor.

Así dijo al criado y al quedar solo mascu... el destino me trajo aquí y aquí me quedo, sólo que me falta mi portafolio, debo haberlo dejado en el Club...

El sirviente le informó que al señor lo habían llevado como a las tres de la mañana unos señores que hablaban en inglés, y quienes dejaron pagada la noche. Pyle se subió la ropa de cama y se quedó dormido.

De todo esto conversó esa tarde con su amigo Thorton. Los Thorton no le perdonaban no haber seguido derechito de la estación a casa de ellos, donde siempre hay un cuarto para los amigos y la comida se arregla con echarle más agua al caldo. Pyle excusábase a medias. Por fin prefirió hacerlo de frente.

—No quise; por discretos que ustedes sean, con los ojos me habrían preguntado por Leland, y me era molesto hablar de ella, aunque no fuera más que con la mirada, pues aun así hubiera tenido que contestarles: ella no está conmigo, soy y seré ya, hasta la muerte, un hombre solo.

Cuando Pyle despidióse de ellos, no quiso por más que le rogaron dejar el hotel «Metrópoli»; los Thorton se volvieron de la puerta de su jardín, hasta donde habían salido a acompañarlo, como de un entierro.

El viejo Thorton dijo por fin:

—Parece mentira lo que cuenta John: Leland Foster enamorada de ese hombre chiflado al que le falta un tornillo. Una mujer tan equilibrada y tan hermosa. Perder la cabeza...

La última noticia que tuvieron de John Pyle fue una tarjeta de felicitación de Navidad y Año Nuevo, fechada en Nueva York.

V

El Nigüento volvió cambiado. Allí estaba para que lo vieran, quienes descreídos auguraron que se iba a morir en el hospital. La enfermedad cedió de tal manera que le entraban los zapatos, unos zapatos mitad de lona, mitad de suela, pero zapatos. Antes sólo podía usar aquellos envoltorios de trapos que a medida que el mal aumentó fueron convirtiéndose en verdaderas almohadas.

La Sara Jobalda, madrina de Lino Lucero, se quemó un pie en un fogarón para la víspera de San Juan, hace cincuenta años, y todavía se acuerda del piesonón que se le puso y de lo que le costó a sus padres que no se quedara impedida. Por eso, ella que consideró siempre la gran molestia de ya no digamos uno, sino los dos pies entanatados del Nigüento, no acababa de darle golpes en la espalda felicitándolo por lo admirable de la curación.

La Sarajobalda juntándole el nombre se transformaba en una de las mujeres más peligrosas de la región. Nadie sabía por qué, pero todos le temían a la Sarajobalda.

El Nigüento escarbó una bolsa de pita en que trajo alguitas cosas para obsequiar, y le regaló a la comadre unas cuantas vainillas. La oscuridad de los ojos de la Sarajobalda era del color de la vainilla. Ella se las pasó por las narices y alabó, mostrando los dientes impecables, el agrado que le causaba el señor Blas, con aquel presente.

—¡Blas, el Nigüento, vino curado! —gritaron a la oreja del sordo Ambrosio Díaz, un señor que llegó con zapatos y aquí tuvo que descalzarse por la pobreza.

El señor Ambrosio Díaz hizo viaje hasta la casa de Lucero, en «Semírames», para verlo, para tentar con sus propios dedos el prodigio. Y después de ver y tocar con la risa rala entre los dientes color de estropajo, preguntó si no habría remedio para que a él le salieran los zapatos sin comprarlos.

—¡Andá a la mierda! —le contestó el Nigüento; sólo que, como no gritó mucho, aquél se quedó sin saber adónde dirigirse.

La señora de la casa, Roselia de Lucero, y la esposa del Nigüento, madre de Roselia, preparaban una horchata para los allegados a ver al enfermo que sanó de su lepra.

—Porque era lepra, lo que tenías... —afirmaba su esposa, olvidándose de los gritos e insultos que profería cuando alguien, antes del viaje de don Blas, insinuaba, ya no digamos dijera, que el viejo estaba leproso.

—Niguas y aguardiente, te dieron eso, mijito... —iba ella repitiendo por las calles para que todos se enteraran de que el señor estaba enfermo de niguas y aguardiente.

Ya curado, nada de niguas y aguardiente, lepra, pura lepra. A orgullo lo tenía. ¡Ja!, la lepra no es una enfermedad cualquiera; en primer lugar no es una enfermedad común, desde que dicen que la tuvo Felipe II. En segundo lugar no se pega aunque digan lo contrario. Yo vivía con éste como marido y mujer y no se me pegó. Y en tercer lugar no todos se han curado: mi marido es el primero.

Sarajobalda se bebió la horchata saboreada. Por las patiaduras del caballo diz que levantaron por muerto anoche al caporal, contó alguien. Era horchata de pepita de melón y la Sarajobalda masticó algunas de las pepitas al oír la noticia.

Una mirada angustiosa, dos ojos de muchacha que no puede ocultar lo que siente cruzaron la reunión; pero sólo la Sarajobalda se dio cuenta y vio a la muchacha que la miraba tremante con sus ojos de ébano frío, como diciéndola: ¡Estás servida, ahora debés irlo a ver al hospital cuantas veces te dejen entrar, mostrarte solícita con él, llevarle sus agrados; ese hombre es tuyo, costó porque costó, pero ya es tuyo!...

Adelaido Lucero anduvo en lo de uno de sus caporales mal golpeado por una bestia y por eso llegó tarde al refresco. Detrás de él sus dos varones grandazos, aunque poco avenidos a la sociedad de las personas mayores.

—Entren, pues, no seyan «mishes»... —dijo al par de muchachos, casi empujando a Juan—, saluden a su abuela, a la señora Sara Jobalda, al señor Ambrosio y a la Pablita... Y qué, la Pablita como que ya se va...

—Figúrese. Tres hombrones la espantan a una...

—El viejo, sobre todo, verdá, vos, Roselia...

La Sarajobalda sabía a qué iba su clienta. Cuesta el amor de un hombre. Hay que andarle mucho. Y a veces ni andándole. A ese zopenco del caporal hubo que prepararle la caída de su caballo para reducirle los humos. La pobre muchacha enamorada de él, y él inconmovible. No hay nada inconmovible. Ahora es por bien que le entrará el tormento.

—Pero esta horchata no tiene azúcar... —protestó Lucero.

—Es de que a vos te gusta como miel... —dijo su esposa, ya buscando el bote del azúcar para endulzársela más.

—Cuando me muera, van a decir los gusanos, este baboso era de miel.

—Que no vaya a ser mucha la miel, verdá ustedes...

—Yo estoy sentido con mi suegro. Figúrese lo que hace conmigo: me casó a la pura fuerza con su hija... —Roselia lo vio con enojo cariñoso—, y ni porque era su yerno me contó el secreto de dejarse ennigüecer los dedos y echarle al estracto de caña, para pasarla de leproso, favorecido por todos, primero, y después encontrarse a ese médico que le pagó para que se dejara curar.

—Y últimamente parece que si la cura es definitiva, me piensa llevar a París de Francia, porque sin mí, de qué le sirve todo lo que ha estudiado de esta clase de lepra; quiere ir con la prueba al canto...

—Y a mí que me coma el chucho... —dijo su mujer—, yo que fui la que no sólo te chinié a la hija, sino después tuve que chiniarte toda la vida las dos tamañas patas, ahora que el señor está curado, a viajar solo con su médico...

—Pues aquí —dijo Lucero—, sólo el gerente general viaja con su médico.

—¡Ya habemos dos, mijo! Con la diferencia de que el gerente le paga al médico y el médico me paga a mí.

—Todos esos secretos me los debió usted haber dado, no que yo me he pasado la vida viendo cómo me las espanto, y ni al pueblo puedo ir a darle gusto al cuerpo.

—Puerco es que el compadre... —intervino la Sarajobalda, dándole intención a sus palabras.

Los hijos de Lucero, Lino y Juan, bebieron horchata hasta empanzarse; luego dejaron la reunión para ir a desensillar las bestias que cabeceaban bajo unos árboles de paraíso, castigados por moscas calientes.

A la madre, verlos y sentir los ojos gordos de lágrimas, fue siempre uno. El mayor, Lino, ya sabía leer bien. El menor, Juancito, era más dejado. Sacarlos adelante con lo difícil que está la vida. Con ese pueblo que antes no estuvo y ahora estaba igual que el pie podrido de su padre antes de la cura. Tumefacto, hediondo, donde no se veían más vicios porque no había más vicios. Sea por Dios. Y Adelaido que no hace por evitarles que vayan allí cuando hay fiesta. La fiesta. El papel de moscas amargo y venenoso.

Sarajobalda se despidió agradecida de la horchata y los pasteles y de las vainillas que acordó traerle el señor Blas de León, cuya apostura era la de un galán joven viejo.

—Y ya sabés, Sarajobalda, una noche de éstas nos verán en el pueblo volar piuña en la zarabanda.

—A sus órdenes; voy a mandar a preparar el vestido, porque no me querrá llevar así como estoy; qué diría la gente y el gerente de su colega que viaja con su médico.

Todos rieron. Tan buen carácter que tiene la Sarajobalda. En eso pensaban todos. Pero de qué la pasa. Misterio. De alguna pudrición, como la pasaba el viejo de mi suegro, se dijo para sí Adelaido Lucero.

Los muchachos volvieron a la casa arrastrando en los pies las espuelas sonantes. Tomaron más agua y luego cada quien se tendió en su cama. La hamaca quedó vacía afuera. Lucero y su mujer contaban unos reales para ajustar el abono del terreno que estaban comprando a plazos.

—Ves de ver —dijo Lucero a su costilla— esa tierrita, como te he dicho siempre, te lo repito; la quiero para que los muchachos siembren banano por aparte. No les quiero dejar más que eso: su independencia. Soy un tata que no quiere que sus hijos tengan patrones. Y estuve alegando con el Mascarón Zaldívar...

—Ese tostado no nos lleva bien...

—Porque para mí, Roselia, lo principal que un padre debe dejarle a sus hijos es la independencia; yo no me explico que tatas que como yo siempre han dependido, no se preocupen por que sus hijos sean libres, ya que no me vas a decir vos que esto del empleo no es la peor de las esclavitudes. ¡Ah, yo sueño que los muchachos tengan su tierra y que de su tierra vivan, sin depender de naide! ¡Pobres, pero libres!

—Y por el recado que te mandó el Cucho, son muchos los que están queriendo venir a ver de sembrar banano.

—Lo bueno sería que él se viniera, pero dice que va a mandar un su ahijado que ¿cómo decís que se llama?...

—No sé yo, a vos te dieron el recado.

—Pues no me acuerdo qué nombre me dijeron. Vendrá a preguntar por nosotros.

—El Cucho era buen compañero.

—Por supuesto, sobre todo si lo comparas con el Mascarón Zaldívar. Ese sí que es malo. Pero, Dios me perdone, pero a mí se me afigura que el Cucho se fregó de los pulmones.

—Yo no lo conocí, pero te he oído decir que era medio dañado. Vos decís que tosía y la tos no es ninguna buena recomendación, sobre todo por aquí, onde el que tose es moro al agua.

—El día que yo fui a dejar al Cucho a la estación, nos conocimos; de la estación venía cuando topé a tu tata, y allí, no más, caí en la trampa...

—Tené cara...

—¿Acaso no me casaron a la fuerza?

—Porque tenías tu intención de hacerme el mal perjuicio.

—Ve qué bonito, esa intención tienen todos con todas las mujeres, y no por eso los casan...

—Pues todavía es tiempo que agarrés tu camino...

Adelaido, sonriente, guardaba el dinero para el abono del terreno. Sus hijos roncaban. Un rato después, su mujer también roncaba. Sólo él pasó despierto haciendo sumas y multiplicaciones de cuánto iban a sembrar, de lo que iban a sacar en racimos, y de lo que iban a pagarles por cada racimo...

VI

El Cucho encontró a Bastiancito, su ahijado, y entre tos y tos le dijo palabras con voz de dañado, que si se deshicieron en el aire como terrones de tierra floja que se vuelven polvo al arrojarse con fuerza, quedaron grabadas en sus oídos en forma tal, que le bastaba quererlas oír para escucharlas.

—¡No seas animal, Bastiancito, de estar trabajando aquí donde la tierra ya no da! Clavado aquí como tus viejos, sin ganar siquiera para vivir; botando el encinar para leña... ¡Ve qué porvenir! Los ancianos, se explica, ya no tienen fuerzas, que hagan su leñita para vender por carga; pero vos, Bastián...

Bastián andaba solo por el monte, pero más solos andaban sus ojos por el espacio como buscando en las hondonadas y pequeñas cumbres que se le volvían colindancias, una razón de peso que oponer al dicho de su padrino. Aunque tuviera que arrancar un cerro, lo arrancaría, con tal de poderle decir a su padrino me quedo por aquí por... No le podía decir que se quedaba porque era de por ahí, pues según los asegunes de su padrino, se es de donde la tierra es buena con uno y aquellos terrenos entre precipicios eran ruines con todos; y si le sacaba que porque allí tenían sus padres algunas propiedades, lo desarmaba que eran propiedades que ya no valían nada: tierra quemada, rocas raspadas, erosiones escrituradas...

Bastián se golpeaba la cabeza con los puños y somataba los pies en el suelo, al sentirse dividido por la mirada brillante de su padrino en dos buenas mitades: la del sin dinero, casi mendigo, que da lástima, y la del cobarde que inspira desprecio.

El aparecer de un caballo en el campo, lejos, con un jinete que por la distancia no se sabía quién era, sacó a Bastiancito Cojubul de sus pensamientos. Caballo y jinete se acercaron velozmente y entonces vio de quién se trataba. Uno de sus tíos. Tío Pedrito. Le llegó cerca con el caballo para echarle un par de palmaditas en el hombro y le preguntó qué andaba haciendo.

—Por resultas de un ternero que se me extravió, tío Pedrito, es que ando andando, y usté a dónde la tira.

—Para tu casa voy, Bastiancito. Salí desde temprano de allá conmigo para ver a tu padre antes del mediodía; allí debe estar esperándome, porque le mandé recado ayer; así es que me voy, allá en la casa te veo, y Dios quiera que no se te haya embarrancado ese ternero.

El jinete echó adelante espoleando el caballo que montaba y pronto fue sólo una polvareda, en medio de arboledas de color sucio y sin vida, igual que tripas verdes de colchones viejos.

¡Tío Pedrito!, pensó Bastián, cuando el jinete se había borrado. Tío Pedrito, el prototipo del que se ha pasado la vida en estos lugares sin hacer mayor cosa, envejeciéndose y llenándose de hijos de mi tía y no sólo de mi tía.

No se contuvo. Dejó el ternero y corrió, atravesando un pajonal, hasta la casa de su padrino. ¡Qué más ternero que él, Bastiancito Cojubul, si se quedaba allí!

Bastián adelante. Su mujer atrás. Bastiancito Cojubul adelante y en las goteras de su paso abierto, de hombre zancón y que lleva prisa, los menudos pasos de su mujer que le seguía. Se detuvieron, ya lejos del rancho que se quedó desocupado, en una vuelta del camino. Había que juntar fuego para tomar café. Amanecía.

Bastián se escurrió por una vereda al fondo de una barranca para traer agua del río. Su mujer buscó mientras tanto, palitos secos y un fósforo. En el canasto iba todo: café, rapadura, fósforos, el resplandor del fuego los alegró con su calor y su luz. No lo manifestaron. Lo sintieron. Pronto hirvió el agua de la jarrilla. Ella soltó, entonces, dentro del líquido aborbollando un puño de café y, más luego, antes que hirviera mucho, un poco de agua fría, para apagarlo y que se asentara. Así le gustaba a Bastiancito. Este sacó de un matate de pita pedazos de tortillas y algo de queso oreado. Con el agua que les sobró extinguieron el fuego y adelante.

¿A quién dejaban atrás? A quién iba a ser, a sus padres. ¿A quién iban buscando?, a un amigo de su padrino. ¿Llevaban? Un su dinerito para comprar tierra en la costa, y se llevaban, él, a él mismo: macizo, fácil se echaba ocho arrobas al hombro. Y ella, a ella misma y algo más. Cosas ésas, que las mujeres pueden llevar algo más que ellas mismas, sin saberlo. Y los hombres también. ¡Ah, pero no es lo mismo! Los hombres lo llevan siempre, pero las mujeres sólo cuando van como iba Gaudelia Ayuc Gaitán, la mujer de Bastiancito.

Iban a ver de trabajar en siembras de banano, después de comprar tierra, según les aconsejó su padrino. Los bananales, les dijo el Cucho con su voz de dañado, su risa sin risa, tienen las hojas verdes, como los billetes oro. Ver bastantes, pero bastantes, bastantes billetes oro como prendidos a una caña de tender ropa así es una sola hoja de bananal. Y los racimos que son como muchas hojas, muchos billetes verdes apelmazados, hechos barras de oro verde.

Lo que les costó despedirse de sus padres. Fueron un día sábado y hasta martes volvieron al rancho, a su rancho de ellos, que ahora, pues, dejaron abandonado. En la casa de los viejos Cojubul se estuvieron como dos días. El señor Bastianón estuvo contando necesidades, enfermedades, calamidades. Una copa de aguardiente les dieron ya cuando salían. Algo menos tardaron donde los familiares de ella, los Ayuc Gaitán. Aquí les dieron cerveza. Por la salud de todos y por el viaje.

Bastián Cojubul, Bastiancito, donde los Ayuc Gaitán, contestó a las preguntas que le hicieron, con la seguridad del que sabe lo que quiere. Voy a buscar a un señor Lucero, muy amigo de mi padrino, para ver de comprar tierra y sembrar banano. Lo que tenía por aquí, algo de ganado, resto de la troje, aparejos, seis machos, unas vaquitas, todos los feriamos con la Gaudelia y lo llevamos en efectivo, pero no para gastarlo, sino para no gastarlo más que en el terreno. Los hermanos de la Gaudelia acusaban a Bastiancito de hombre sin juicio en la cabeza. Hombre iluso, le repetían, mientras humaban con los sombreros puestos, y escupían.

Lo que llevaban dispuesto para gastar era justo para comprar los pasajes del ferrocarril. El café tomado en el camino fue todo lo que ese día les cayó al estómago. El adelante, a la descubierta, y ella detrás, cruzaron la ciudad hasta la estación del ferrocarril, sin ver casi a los lados, para no ver comida; y al llegar a la estación mercaron los pasajes.

De una cartera nueva, cuero color de carne en colorado, sacó Bastián lo que llevaba apartado para los pasajes. Dos cartoncitos bien duros, los pasajes, del mismo tamaño, los tales pasajes, dos cartoncitos del mismo tamaño con letras y números iguales. Y costar tanto. En seguida buscaron dónde sentarse. Allí mismo. Sin hablar. Sin verse. Ya no se veían de tanto estar juntos. Tal vez sólo se vieron cuando se casaron. Ocuparon unas bancas de madera. Por las ventanas que daban al interior del edificio ferroviario se veían vagones de pasajeros y plataformas.

Salieron de noche, con hambre, con frío, con sueño, pero ni él ni ella dijeron una palabra. El vagón de segunda clase en que lograron dos asientos, más bien un asiento para los dos, estaba medio oscuro. Los pasajeros no se notaban la cara. Sobre los cuerpos borrosos, los sombreros de fieltro y más sombreros de petate que de fieltro. Cada dos pies descalzos, un sombrero de petate. Cada dos pies calzados, un sombrero de fieltro. El tren partió entre hombres que hamaqueaban faroles de luces blancas, verdes, rojas.

La Gaudelia bostezó y se compuso el rebozo, acomodándose en lo incómodo, nalga con nalga, con un viejo hediondo a trementina. Bastián se la quedó mirando, pero no la veía; bostezaba, porque ella le pegó el bostezo, mientras un vestido de militar que les quedaba enfrente, se levantó a desperezarse y por poco se le cae el revólver. Se lo detuvo con la mano, igual que una víscera.

Al salir de los patios, el convoy se deslizó, sin estropiezo, como si todas sus partes se hubieran puesto de acuerdo para rodar en una sola dirección interminablemente, horas y horas, toda la noche.

La Gaudelia se durmió en el hombro de Bastián. Bastián no pegó los ojos por ir cuidando la platita. Los hundía en la poca luz que daban las lámparas del tren, o los botaba en el piso como si viera pasar bajo el carro, los rieles, los durmientes sobre los cuales estaban, y la tierra. Mientras tanto, su oído seguía el rumiante masticar del hierro que al ir rodando, por delante se engullía la distancia, alimento, alimento, y por detrás dejaba algo que parecía estiércol oscuro de espacio que se aleja...

Se rascaban los vecinos, rucu, rucu, rucu; roncaban otros; otros, mullían los asientos de dura madera con aires pestilentes que el afortunado chiflón que entraba, cada vez que abrían la puerta para pasar de un vagón a otro, soplaba desde el campo. Serían... qué horas... quién sabe...

El tren se detuvo, pitó, enganchó o desenganchó algunos vagones y adelante. Un vientecillo que helaba los huesos fue el amanecer. Bastián, con la cabeza tirada hacia atrás y la boca abierta roncaba. Un pitazo los despertó a los dos, y la campana anunciando la llegada a tiempo de ir frenando el convoy. Bastián sacó la cabeza por una ventanilla y sus ojos se empaparon de un color morado, de rocío morado, pronto lila, azul, rosa, oro. Rocío y luz. La misma cosa eran a esa hora el rocío y la luz. Y el rocío, la luz y las hojas también eran la misma cosa. Unas hojas en forma de corazones con flecos que Bastiancito no había visto antes. Otras con manchas de tigre, y otras con una gran mancha roja como si fuera el corazón de un animal. En vano buscaban sus ojos desde el tren los bananales, las hojas verdes como billetes de oro, esas que con el consejo de su padrino, el Cucho, venían buscando con la Gaudelia.

Se aparearon del tren y en una franjita de camino se quedaron parados, mientras la locomotora se acercaba a un gran depósito de agua; y de un como embudo gigantesco, caía otro embudo para quitarle la sed. De lado y lado soltaba vapor blanco, respiración de estornudo, que al pasar junto a ellos los bañó en humo que, al instante, se les volvió mojadura en los trapos.

Preguntaron por dónde se iba a las plantaciones y Bastián adelante y la Gaudelia atrás echaron a andar por un boscaje. Por allí les dijeron que se iba a las plantaciones.

De los árboles se alzaban pájaros de colores de fuego y sangre, que Bastiancito explicó a la Gaudelia que eran cardenales. Y unas como palomas celestes de ribetes negros y ojos de chispas de sol. Y loros turbulentos, y ejércitos de pericas que cruzaban entre altas ceibas igual que hojas volanderas.

Bosque y monte de un lado y otro del camino, por donde empezaban a transitar algunos trabajadores; carretas de bueyes, carretas tiradas por mulos y jinetes en caballos de buen paso. Al primero que encontraron después de andar un buen rato, un hombre de pelo colorado, le preguntaron dónde quedaba el lugar llamádose «Semírames». Les dio las señas. Aún estaba retirado. Pero andando llegarían. Bastiancito adelante, la Gaudelia atrás.

Lucero, es como se llamaba el amigo de su padrino. «Señor don Adelaido Lucero, Semírames», fina atención del señor Sebastián Cojubul, todo esto decía el sobre. El Cucho les dio una carta de recomendación que iba en el sobre y donde decía que llevaban el propósito de comprar tierra para sembrar banano.

—Semíra...

No terminó Bastiancito la palabra, por abrir la boca y quedarse de una sola pieza con su mujer, los dos sin poder dar paso, heridos por una como lluvia de machetazos dados con hojas de un color verde lindísimo, que no era el verde de la vegetación de la montaña, que no era el verde de los pericos, que no era el verde del monte, sino un verde en que se mezclaban el verde del mar y el verde que nacía de la luz dorada encima de las hojas y de la luz profunda y carnosa, esmeralda de agua azul que se regaba debajo de las hojas. El sol, como si pasara entre palios desgarrados, simulaba cuajaduras de brillantes en las sombras penumbrosas. Las filas de los bananales de todos lados en movimiento y sin moverse, mientras ellos seguían avanzando hacia «Semírames».

Ambos se miraron para ponerse de acuerdo. No los engañó el padrino. Era exacto lo que les pintó con su voz de hombre dañado, cuando les dijo que al llegar al bananal sentirían como ir entrando a un mar sin peces, sin agua, pero mar, mar que en los troncos de los bananales simulaban columnas en forma de espadas, espadas que después de herir la atmósfera de fuego, soltaban en lo alto rehiletes de hojas, suaves como un sueño en los ojos, frescas como la tela de salud que ponen en las heridas. Eran de tela de salud verde.

Lucero… «Semírames»… Por el camino encontraron al propio, montado con todas las de la ley. Se levantó el sombrero más atrás de la frente, para poder leer las letras de Cucho sin sombras.

—Ah, bueno… entonces ustedes vienen… ah, bueno… entonces vienen ustedes… ah, bueno…

Pero era mejor hablar en la casa. Les dijo por dónde debían ir.

—Sigan por aquí todo este movimiento que ven de hojas —efectivamente, en una profundidad de más de un kilómetro se miraban moverse las hojas, y moverse las hojas, y moverse las hojas—, al llegar allá donde está aquel cruce de caminos apartan a mano derecha, y por lo pronto allí verán una como subida; es la subida de Semírames. Semírames queda en alto. Allí, estoy yo. Cuéntenle a mi mujer que los encontré, que nos vimos y que vienen de parte de Cucho. Yo regreso por allá a la hora del almuerzo para arreglar con ustedes.

Bastián lo observó mientras leía la carta. Su mujer también lo estuvo semblanteando cuando les explicaba por dónde quedaba Semírames. A los dos les hizo buena impresión. Tampoco con Lucero los engañó su padrino. Les dijo que era un buen hombre, y lo era probadamente.

Sebastián Jerónimo Cojubul, o como lo llamaban desde que creció su hijo, don Bastianón, asomó la cara a la casa de los padres de su nuera, Gaudelia Ayuc Gaitán, para hablar con los consuegros del repente que les agarró a los muchachos, sus hijos, para ir a probar suerte a la costa. No estaban los hermanos de Gaudelia, sólo los viejos, sus compañeros, cuando don Bastianón asomó, garraspeando:

—Diz que se iban a ir en el tren, son tan atrevidos que no me extrañaría… Yo les hice ver que el que siembra en terreno que no es propio, teniendo como sembrar en lo suyo, vuelve a la condición aventurada, y es muy triste ir aventurar a otra parte, cuando se tiene lo que es de uno.

La suegra de Bastiancito, madre de Gaudelia, juntando las cejas para ver mejor, murmuró algo que su marido repitió sin mover los labios, como si hablara por un embudo. En su matrimonio siempre fue ésta la forma de hablar de la familia. Para hablar eran acuachados: ella ronroneaba en voz baja lo que él repetía en voz alta y rígida.

—Pues a nos tampoco nos hicieron caso; pero nosotros decimos que con la edad de ellos hubiéramos hecho mismamente, porque en esos lugares se gana bien, mejor que por aquí, donde lo que se gana ya es desperdicio. Según oí decir a Bastiancito, en la costa la tierra cuesta regalada y no hay más que echar machete para botar el monte, hachar los palos para hacer trozas, quemar, surconear y sembrar los hijuelos del banano.

—Todo eso decía Bastiancito, mijo, pero vaya a saberse si es verdá. Hablando, todo es muy fácil; pero quién prueba lo real, y son climas malsanos, con mucho animal maligno que, Dios guarde la hora, arden en ponzoñas calientes y hacen reventar a los cristianos como sapos. Ya dijera yo es un buen clima, hay que comer, no les va a faltar esta buena agua fresca que bebemos aquí, cuando les agarre la desesperación de la sed que da el sol del mar.

Callaron. Sobre las piernas flacas, la suegra se daba golpecitos con las manos delgadas, acañutadas. Luego, acompañándose de aquel movimiento de sus manos habló, mientras don Bastianón sacaba un atado de cigarros de tusa para ponerse y ponerlos a echar humo.

—Para mí, y Dios me perdone, el que les metió toda esa enrunfia fue el Cucho; vino diciendo que el banano cosechado se vendía en el acto a unos extranjeros que lo pagaban a precio de oro; las cuentas del gran capitán les hizo este curcucho.

—El Cucho es mi compadre, padrino de Bastiancito, pero... —dijo don Bastianón, acercando la punta de su tusa que prendió con el mechero, al cigarro de su consuegro, mientras éste le quitó la palabra para decir, antes de humar:

—Exageraciones de tísico; todos los dañados sueñan así, deliran, ven visiones.

—Lo mero cierto es que se fueron... —dijo con voz de ceniza húmeda, la señora que humaba chupeteando el cigarro con los pocos dientes que le quedaban en las encías, mientras el sol empezaba a pegar la brasa del mediodía a los árboles secos, a punto de arder como si fueran de tabaco.

Y a irse iba la visita, después del cigarrillo fumado despacio y con buenos chupetones, cuando asomaron los hermanos de Gaudelia: Juan Sóstenes, Macario y Lisandro. Entraron a caballo y, sin desmontarse, saludaron a don Bastianón para anunciarle que por el camino venía uno de a pie buscándolo con una carta de Bastiancito.

El sol del mediodía hacía más tristes y solas aquellas tierras trabajadas por siglos, en las que al cortar los árboles se lavó la tierra buena, quedando la peña caliza, el barrancal desnudo y como signos trágicos algunos hornos para quemar piedra de cal.

Los Ayuc Gaitán empezaron a botarse de las caballerías, después de dar el recado de la carta a don Bastianón. Apeados, amarraron las bestias y uno tras otro, con los brazos cruzados y el sombrero en la mano, saludaron a su señor padre y a su señora madre, mientras el viejo Bastianón, sin apurar el paso que ya llevaba picado, salió en busca del que venía con la carta de Bastiancito.

Juan Sóstenes y en seguida Macario y Lisandro llegaron a casa de Cojubul preguntándole qué más decía la carta, para significarle ladinamente que algún saber tenían del principio e inclinar al viejo a que se las mostrara; pero el señor Bastián, más sabe el diablo por viejo, les cortó en seco:

—Hum... no dice mayor cosa...

—Mi señor padre —dijo Juan Sóstenes, hombrecito de piernas abiertas en horqueta y cabeza grande sobre los hombros— mandó a que le lleváramos noticias de si está buena la Guadelia, de si no tienen novedad Bastiancito, de si encontraron trabajo...

—Hum... sí, están bien, no se han enfermado, ya tienen dónde vivir; pero mejor voy yo para la casa a mostrarle la carta a tu padre; o miren, allá por el puente voy a estar porque tengo urgencia de ir al pueblo; y díganle que allí me encuentra; ya voy para allá...

—¡Pobre hermana!... —exclamó Lisandro, cuyos ojos negros clavaron al suegro de Gaudelia con martillos de cólera los latidos de su corazón, en una imaginaria cruz, donde lo hubiera querido dejar toda la vida. Y agregó insolentemente:

—Aunque usté no tiene la culpa, pobre mi hermana...

Salieron Juan Sóstenes, corneto, bajo, cabezón; Lisandro después de lo dicho, y Macario, trigueño, verdoso, color de botella. Cuando se alejaron los hermanos Ayuc Gaitán, don Bastianón salió a la puerta, y moviendo la cabeza de cana blanca, blanca, peinada en mechones sobre su frente, suspiró:

—¿Qué más dice la carta?... No lo verán sus ojos...

Al salir al pueblo, don Bastianón divisó en el puente tendido sobre el río encajonado en peñascales un bulto pequeño que al acercársele él en su penco, era su señor consuegro. Ya lo estaba esperando. A ratos se le olvidaba cómo se llamaba. Ahora, por ejemplo, no se acordaba. ¿Cómo era el nombre de Ayuc Gaitán? Hasta tenerlo cerca y darle la mano desde el caballo, como por encanto se le vino: Teo.

—Rato hará que me espera, don Teo, pero... —indagó cortésmente Cojubul—, la verdad no creiba que llegara tan pronto, y yo me entretuve buscando unas mis escrituras...

—Me vine luego que los muchachos me dieron su recaudo, porque ansina, dije yo, me quito luego la armonía de mija; ha sido tanto el misterio para la vista de esa carta que se me hace duro imaginar que no estén del todo bien y que usté no se lo haya querido decir a los muchachos...

—Aquí la traigo, don Teo, aquí la traigo...

—De las palabras se desprenden realidades tan duras, don Bastianón, que hay veces que sobre lo que uno oye o lee quisiera tender un puente como éste, y salvar el río de palabras, para pasar al otro lado...; pero véngase, siga a caballo, no se apee por mí, que yo debo comprar unas mis encomiendas para la casa, cositas que hacen falta... candelas, harina, sal...

La pequeña población de casas pajizas ocultas entre los árboles bajaba como a lavarse en el río los pies de trapos tendidos en las riberas. En la calle principal, empedrada y empinada, llamada del Calvario, se encontraba el comercio grande, más ventas de aguardiente que de otra clase, en descascaradas casas que parecían cáscaras de huevos de calicanto.

—Yo pensaba invitarle una copa, y así leemos la carta; la lee usté, porque yo ya me la sé de memoria; de necesidá, la he leído más de sesenta veces...

En una pieza adornada con papeles de colores colgados en el techo y cañas de bambú, alguna fiesta vendría, se acomodaron los viejos al lado de una mesa en dos sillas, para leer la carta ante dos copas de aguardiente que acompañó la que servía, con una porcelana que tenía de un lado un puño de sal y del otro tres rodajas de mango verde.

Del cañuto de hoja de lata en que traía enrolladas las escrituras, don Bastianón, sacó la carta de Bastiancito y se la dio a don Teo Ayuc Gaitán. El viejo Ayuc Gaitán, ya con la carta en la mano, cruzó una pierna sobre la otra, las flacas y trabajadas piernas, y asomó la mano sobre la mesa para tomar la copa y echarse el aguardiente en el garguero antes de leer la carta. No fuera a tener malas noticias. Don Bastianón lo atalayaba de reojo para verle en las arrugas regársele el gusto.

—Señor Don, don, don... —iba leyendo el señor Teo—... los «Macabeos»... ¿Eh, cómo se acordaría de que aquí se llama los «Macabeos»? Nombre más triste. Se ha hecho por olvidarlo. Pero ahí está que los muchachos no se olvidan de nada.

—Y menos cuando uno está lejos, don Teo, entonces se acuerda hasta de las pulgas que le han picado y dónde le han picado.

—Mis queridos padres: después de saludarlos a ustedes —leía don Teo medio en voz alta— y desear que no tengan novedad por allá como aquí nosotros que por los favores de Dios hemos estado bien, quiero pedirles que le enseñen esta carta a mi padrino y a los padres de mi mujer para que sepan de nosotros, y con nuestros saludos; y también sería bueno que los muchachos, hermanos de la Gaudelia, vieran de venirse a la costa. Hay tanta tierra por sembrar que se vuelve remordimiento no sembrar. En el terreno que compramos ya hicimos un medio rancho; por supuesto que con sólo lo que saqué de leña pagué más de la mitad del terreno, y ya mejor no les cuento más, porque quiero que cuando vengan los muchachos se desengañen de esta lindura de tierra. La Gaudelia está medio formando gallinero. Les manda muchos saludos. Si ven a mi padrino, díganle que el señor Lucero, con quien veníamos recomendados por él, nos ayudó tan demasiadamente que no tendríamos cómo pagarle sus favores, así como a su mujer, la señora Roselia y a sus hijos, Lino y Juan, que ya son puros hombres. Mi padrino no los conoció. Cerca de unos terrenos de estos Lucero compramos lo nuestro, y todos juntos estamos trabajando. Del otro lado y atrás de donde nosotros, hay propiedad de unos extranjeros con quien amistamos, doña Leland, se llama ella y él don Lester, porque también están formando su finca de banano...

—Don Teo... —interrumpió Bastianón, ya le había visto la cara gustosa—, me voy porque tengo lo de mis escrituras; le dejo la carta a condición de que no la enseñe a sus hijos, porque ellos también van a querer agarrar viaje...

—Por mí ya se podían haber ido; de joven uno, es mejor probar suerte donde hay chance y no quedarse igual a nosotros, que no pasamos de zope a gavilán; el zope come caca y el gavilán como carne... Para qué quiero hijos que se llaman finqueros y lo único que saben es hacer leña...

—¡Ay, don Teo, oiga lo que está diciendo!

—Amén, amigo, de que esto de quedarse uno donde nació como gallina ciega enterrada junto al ombligo, es carecer de sesera, pensar que fuera de aquí no hay otra cosa mejor... bah...

Cayó la tarde. En el pueblo se veía una que otra luz, pero también, como las casas, escondida. El río encajonado entre peñascales ruideaba por la noche igual que borracho.

—Tío Pedrito, entuavía no se fue —dijo don Bastianón al llegar a su casa, de vuelta del pueblo.

—Pues no me he ido, vas a ver qué causa...

—¿Causa de qué, tío Pedrito?

—Causa...

—Hable, tío Pedrito, que para eso somos parientes.

—Causa de esta mija casada con Guberio...

La María Luisa es la casada con Guberio...

—Y figurate que se va componer, pero dialtiro no ha recogido Guberio unos sus mediecitos que le deben donde tiene sus intriegas de leña; está llevando leña rajada...

—Pero ahora sí que mejor le digo que no, antes que siga tío Pedrito, porque vengo de ofrecer mis escrituras en prenda de un pisto que necesito, y ni las vieron siquiera. No dan más sobre estos cenizales, tierras peladas...

—Pero la leña vale...

—Pero más vale el carbón, tío Pedrito, pero el carbón lo hacen los indios, porque implica trabajo, y la leña nosotros, porque no cuesta mayor cosa y para eso somos finqueros, para hacer leña...

—Bastianón, yo podría dejarte...

—El caballo ensillado, porque no lo desensilla en todo el día, pues es de familia, tío Pedrito, que el caballo se esté ensillado, presto para salir al trabajo y nosotros echados boca arriba o platicando, o jugando brisca...

—Bueno, pues de siquiera ofrecerme un vaso de agua...

—No es para tanto, tío Pedrito, pero me destanteó mucho que no me dieran sobre mis escrituras, y usté pagó el pato causa de esas sus hijas mujeres que parecen cuyos.

La madre de Bastiancito, doña Nicomedes San Juan de Cojubul, asomó con la cabeza amarrada, un buen pañoloncito de lana sobre los hombros de mujer siempre resfriada; enaguas de gran vuelo y dos anillos de oro cobrizo enterrados en los dedos enormemente gordos, que más parecían los dedos de un pie.

—¡Alabado sea el Santísimo Sacramento! —traía una candela en la mano y buscaba un candelero para ponerla.

Los hombres se quitaron el sombrero, bajaron la cabeza y contestaron la jaculatoria. Ella, mientras tanto, colocó la candela y les dio las buenas noches.

—Agua, tío Pedrito... —dijo don Bastianón y dio pasos hacia la cocina.

—No te dejés, Pedro —intervino doña Nicomedes—, este mi marido es tan liso que capaz te trae en un guacal...

—Lo dicho... —volvió Bastianón—, pero no es un guacal cualquiera, es un tolito; a mí sólo me quita la sed cuando bebo agua en tol o en porrón.

—Cómo va a ser eso, aquí está el vaso, no le hagás caso, Pedro.

Doña Nicomedes tomó el tol lleno de agua cristalina y la vació en el vaso que traía en la mano para darlo a su hermano.

—Dios te lo pague… Me voy, ando en apuros, que sólo para eso tiene unos hijos; por suerte, ustedes salieron ya de Bastiancito…

—¿Qué? ¿No te ha contado mi marido lo bien que les ha ido en la costa?; que te dé a leer la carta.

—Se la dejé a don Teo, el padre de la Guadelia, mi nuera, porque como en ella dice Bastiancito que se vayan para allá con ellos Lisandro, Macario y el Juan Sóstenes.

—Esa sería una idea, hermano, que los maridos de tus hijas se fueran también a trabajar a la costa.

—No quieren, Nicomedes; ellos parece que se casaron con las muchachas por los terrenos y se conforman con seguirlos pelando; tunquito el encino, lo cortan; son re-bárbaros…

—Entonces, Pedro, se casaron con la leña…

—Pues así parece, porque ofertas no les han faltado y buenas para ir a trabajar a la costa, y ai tenís vos, no se arriesgan…

—¿Y qué es lo que podrían arriesgar?… —intervino don Bastianón.

—Es que son haraganes —argumentó doña Nicomedes—; son de esos hombres que no les gusta hacer nada, que a todo le ponen dificultá. Les gusta calentar el nido, como si fueran gallinas, y tener muchos hijos para dejarlos brutos como nosotros, volverse viejos antes de tiempo, porque la pereza es lo que más envejece.

La cara de estampida y llanto contenido que traía Guberio, dejó al grupo de los tres viejos callados. Por fin pudo hablar. Habló sacándose las palabras de los pelos que le saltaban de la camisa, como espeluzno de duelo. Su voz ya tenía pesar, y pesar hondo, pesar trágico.

Doña Nicomedes trajo agua en otro vaso, le hechó unas gotas de agua de azahar, y después que bebió Guberio, todos tomaron unos traguitos.

Por cuantos caminos hay asomó gente. Los parientes en número interminable, los amigos, los conocidos y aun prójimos, que si tenían tiempo se desviaban de sus quehaceres para presentarse en la casa del fallecimiento.

Tío Pedrito, sepultado en un silencio de pobre bestia trabajada que mojaban sus lágrimas paternas, asomaba por asomar los ojos a la noche, mientras una luna de plomo empezaba a subir sobre las crestas lejanas. Todo parecía tan muerto. La gente se le venía para encima al ir llegando, lo abrazaba y le daba el pésame. Lentos y pesados pies subían por todos los caminos a su casa, donde una rosa fresca acababa de sucumbir, víctima de una frustrada maternidad. El no escuchaba, pero oía...

—Es que ese su yerno, tío Pedrito, es un idiota; cómo no deja pasar tiempo entre crío y cría; ¡so-animal! ahí está el resultado; él fue el que la mató, con su amor de bestia en brama; no, si cuando se casa una mujer debe ver con quién se casa; debe casarse con un cristiano y no con un animal que no sabe lo que es el estar molestando a la mujer, para que la pobre no tenga sino obedecer las leyes de Dios, y tener, y tener familia, como si eso fuera gracia...

Guberio, el viudo, andaba entre todos, silencioso, con un pesar de algodón empapado en aguardiente. Sus pequeños hijos, huérfanos de madre desde hacía algunas horas, le seguían por todas partes. Por momentos, una menorcita se le prendía a la pierna pidiéndole que la cargara, que tenía frío en los pies descalzos porque no hubo quien le pusiera los zapatitos. Guberio la cargaba. Y en cargándola, lo orinaba. Pero ni tiempo le daban a sacudirse el agua de la criatura, que le penetraba la manga hasta mojarle el brazo, porque un mayorcito le llamaba para que encendiera un farol en la cocina, mientras otro mocoso le tiraba del borde del saco para que lo fuera a acostar.

El frío de la muerta, en la pieza en que estaba tendida, se comunicaba a la atmósfera, al aire, a la luz de las candelas, a los muebles y a unos cuadros con imágenes de santos y retratos, entre ramos del Domingo de Ramos, contra la tempestad y otras reliquias. Sus manos de mujer trabajadora, sus brazos escuálidos de mujer madre muchas veces, su cara ovalada entre el pelo azabache que le peinaron en dos bandas, sus ojos cerrados bajo su frente amplia, y su boca de labios carnosos. Más tarde vinieron con un pañuelo y la amarraron la cara, como si

tuviera dolor de muela. Para que no se le caiga la qui-
jada. Como si importara que se le cayera, pensó tío Pedrito, ahora que para su hija ya qué importaba nada, que
se le cayera o no se le cayera...

Mientras tanto, sobre una colina, donde estaba el camposanto, dos hombres cavaban la fosa, deteniéndose, de
tiempo en tiempo, a respirar aquella mezcla de tierra
abierta y el fuerte olor de los suquinayes; olor que em-
briagaba y hacía suspirar. Era de noche y trabajaban a la
luz de una gran fogata. Hasta dejar terminada la sepultura para ir sin pena al velorio. Igual que golpear en el
hueco de una campana sorda golpeaban ellos. Uno abría,
hendía, soltaba los golpes de la barra de hierro con aguda
punta, para cavar, y el otro, al dejar aquél de golpear, se
inclinaba más y más adentro de la fosa, para extraer la
tierra primero con pala, ahora con un bote que llenaba y
sacaba poco a poco. Sudaban. Las estrellas como ojos de
gente que viera bajo de agua. Gente con ojos de oro.
Gente del cielo. Tal vez ángeles.

—¡El horno ya está caliente y se puede pasmar!...
—gritó varias veces una voz de mujer en el patio, atrás
de la casa. Poco se veía, pues aunque la luna asomó temprano, nubes oscuras la ocultaron casi en seguida. Un árbol de jocote con una escalera llena de aves, que eran
sólo aspavientos, como si supieran que en la casa había
muerto. Un tronco de árbol cavado, con agua para los
coches. Algunas piedras, como tendedero al parecer: sí,
porque había un pantalón tendido, y dos toneles con agua
cubierta de basuras, en los que la noche tumbaba un
reflejo de pupila de cocodrilo.

—¡Ya me chivaste el ojo! —exclamó alguien al ir hacia el horno dos bultos. Un hombre por la voz.

—Así te lo hubiera sacado, por abusivo, qué estás creyendo, que porque... falta de respeto que sos... estás
viendo que hay muerto...

—No seas así...

—Ve que grito...

—¡Se pasma el horno, apúrense, yo no sé, qué se en-
tretienen que no llegan luego!...

—Desgraciado, pero me la vas a pagar... Oí que nos
están llamando... Voy a botar esto...

Todo el patio de atrás, en la mayor sombra, estaba lleno de cuchicheos amorosos, como si las gallinas y los gallos soñaran que eran gentes, y las gentes hubiéranse vuelto gallos y gallinas a espaldas de la casa para aprovechar el velorio.

De vez en cuando salía alguna vieja con un farol. Levantaba el brazo para alumbrarse mejor, pero no veía nada.

En el corredor, al frente de la casa, donde quedaba la entrada, se dispusieron sillas y sofás, todo lo que de sentarse hubo en casa y en las vecindades. El que entraba, sombrero en mano, pasaba entre filas de gente ya sentada, hombres, mujeres que le saludaban en voz baja, por educación, para contestarle sus saludos, o más afectuosamente cuando eran conocidos o amigos. En este caso también en voz baja le ofrecían lugar, lo llamaban para que se sentara.

En las habitaciones, de una a otra, pasaban los familiares, ambulantes, como golpeados que no saben dónde tienen el golpe. Unos se sentaban en las camas y los catres después de andar para un lado y otro, o se quedaban de pie, conversando, fumando. Personas acomedidas servían copas de aguardiente o preparaban los panes y los platos para dar algo después de media noche.

De mano en mano pasó la carta de Bastiancito Cojubul, y el que no comentó en bien o en mal, en pro o en contra, fue porque no quiso.

—¡Son mentiras! —decía uno de los yernos de tío Pedrito, no el Guberio— y aunque fueran verdades, quién deja a sus padres para ir a dar el fruto a otra parte!

Tío Pedrito no escuchaba, pero oía...

—El fruto que ustedes, mis yernos, han venido a dar aquí, es fruto amargo, es fruto de muerte; la pereza, el estarse mano sobre mano, engendra el querer estar, a todas horas, con la mujer amancornados. ¡Benditos sean los hijos que dejan a sus padres, que se desprenden de ellos y van a dar árboles frondosos donde Dios lo dispone! ¡Benditos sean los hijos que no se vuelven costras en las familias; costras que sólo sirven para aumentar la sequedad de los viejos, y que se van lejos y florecen en ramos y racimos, para volver después, ellos o sus mensajes, a rejuvenecer el tronco antiguo, a que sus padres se sientan revivir con ellos que supieron sacarle el jugo a la vida, y no perpetuar cenizas pacíficas de muerte!

—Lo que dice la carta no es nada nuevo —argüía otro de los del velorio—; ¿quién no sabe que la siembra de banano es lo que más produce?, pero hay tanta enfermedad por esos lugares, tanto peligro, y si no el ejemplo. El Cucho, con los pulmones como tamborcitos de corpus, cada vez que tose...

—Vos sí que me gustás. Algo hay que peligrar. Bonito estaba que fuera la papa pelada, que fuera tierra buena para sembrar con buena ganancia y ningún peligro. Para eso mejor te morís y te vas al cielo. Eso sí, que si no hay necesidad, si uno está bien así, como está; que le faltan muchas cosas pero se conforma, pues mejor así...

Tío Pedrito no escuchaba, pero oía.

—¡Sembrar un árbol, tener un hijo... Nosotros aquí hemos tenido muchos hijos, pero ninguno de ellos puede llamarse hijo en el sentido de lo que debe entenderse por hijo, es decir, un progreso continuado sobre uno... y en lo de sembrar un árbol, puerca, si aquí nosotros los hemos cortado para hacer leña y vivimos de echar abajo los bosques!

Una cadencia de hojas que arrastraba el aire nocturno invadía por momentos la casa. Parecía que se llevaba a la muerta, ya más amarilla, al estarse alejando de la vida, hecha un saco de piel seca, de piel que empezaba a arrugarse, con ligero tinte violáceo, al amanecer.

Dominica, la otra hija de tío Pedrito, entró con un bultón enorme en el vientre. El marido, un labriego de pelo espinudo, hablaba de la carta de Bastiancito.

—Coloquio el que traes, vos, Bejuco... —le salió al paso, en uno de los cuartos, don Bastianón, el cual, al lado de don Teo humaba puritos canejos.

—No es coloquio, es que yo todo lo podría aguantar, menos que me digan de ir a la costa, donde hay tantos zancudos; y no es fuerza, si aquí la pasa uno, verdá que no es mayor cosa lo que se gana, que las tierras están deprimidas, que aflige ver el maicito y el frijol que producen, pero tal vez abonándolas...

—Pero el abono cuesta —dijo don Teo—, sólo que en lugar de comernos los últimos encinales, vendidos como leña, nos pongamos a cagar todos.

—¡Siempre ha de ser usté, tío Teo, el mismo malcriado!

—Y vos el mismo palo duro, donde naciste quedaste; tener responsabilidades con el familión que se han echado encima, porque ahora con este parto de la Dominica ya será el séptimo...

—Peor sería que, por llevarme de farolero, me juera a la costa y me muriera de paludismo o de cualquier fiebre de esas, o volviera como el Cucho que para qué sirve.

—Aquí te vas a morir de pobre, poco a poco, y no sólo vos sino tu familia, porque no hay para alimentarla, no hay para medicinas, no hay para que estén como deben estar sus hijos, y allí van creciendo con las piernitas que parecen de alambre, con las caritas mugrientas, puras máscaras de fetos, y con las barrigonas lombricientas, y sin que las nanas les puedan dar cabal el pecho.

La tos señalaba el grupo en que estaba el Cucho cada vez más jiboso con los ojos de vidrio hondo, hundidos en los huesos de la cara, los párpados rugosos, colgándole de las cejas, y la nariz con filo de muerte.

—¿Que quién soy yo? —dijo Cucho a un cieguecito que se le acercó a saludarlo y le palpaba las ropas gruesas, de lana peluda, mientras los demás amigos del grupo pedían al ciego que por el bulto adivinara quién era.

—Por la voz digo yo que sos... ¿Quién sos?

—Adivina adivinaco... Soy un enfermo que predica la vida entre hombres puros sanos, a quienes Dios no les negó salud, entendimiento, manos para trabajar y años mozos para emprender...

—¡Un muerto de empresa!...

Hasta Cucho rió de la ocurrencia del ciego.

—Eso exactamente soy, un muerto de empresa funeraria, un muerto que se acaba la voz que le queda en el pecho, aconsejando a un ejército de gente joven que se largue de aquí a trabajar a la costa, donde la lucha principia para los hombres, hombres, por pelear la tierra con el mar.

—Cucho, tenés tu verba, pero no los vas a convencer... —dijo uno de los del grupo.

—¡Demontres, si no los convenzo que, al menos, oigan!

—¡Los hombres, hombres... en lo que estás, vos!

—¡La pereza vuelve al hombre amujerado; babosos que andan por allí en oficios que mejor se pusieran naguas!

El Cucho tosió, tosió, tosió... Después del ataque de tos cavernosa, sacó un pañuelo de seda, para sonarse, y recogerse de la punta de la nariz, ya afilada, el escalofrío que le recorrió las vértebras, que le sacudió los tobillos, las muñecas, los lóbulos trasparentes de los pabellones de las orejas.

—¡Pelear con el mar, Cucho, ve, déjame que me ría! —el que dijo así, de los del grupo, acercóse a darle una palmadita cariñosa.

—Si yo tuviera mis ojos, por Dios que ya salía a pleitiar con el mar que, a mí se me afigura, que es más bravencia que otra cosa. ¡Puñeteros con ojos y sin valor para dejar esta tierra tan dealtiro ruines y largarse a ver qué ganan por aí!

—Ve, vos, Cucho, explicamos bien qué es eso de pelear con el mar; porque yo creo que ni vos mismo lo sabés, y es pura boquera tuya.

—Eso es lo que pasa cuando uno habla con gente que no ha salido de las naguas de su nana, o que si salió de las naguas de la nana, pasó a las naguas de la legítima. Pelear con el mar es, para mí, ser como los árboles de la costa que bajan hasta la reventazón. Entre los espumarajes y las peñas, vieran ustedes, se divisan las ramazones verdes de los mangles y otros árboles machos que le salen a poner punto al mar. Por eso miles de troncos, ramas, hojas que están en constante batalla con las olas, y peor cuando hay tempestad, el mar no se ha llevado la tierra por ese lado. Pero detrás de esos árboles ¿quién hay?, ¿quiénes están?... De nosotros, ninguno...

—Ya va, ya viene, el mar... Yo también lo he visto, Cucho...

—Y por eso no me canso de repetirles que los que son sanos tienen su puesto allá, en esas bajeras donde el verde es verde color de perico, y todo se da en vicio... Para qué más maíz, si las mazorcas se multiplican, los frijolares parecen manchas de paño en cara de mujer preñada. Vean ustedes, cuando yo me fijo en las siembras de por aquí, me da la impresión de que ya no son hojas las que salen de la tierra, sino plumas de gallinas muertas...

—Cuando yo era joven —dijo el ciego— pasó por aquí un buscador de maderas preciosas y me quiso llevar con él a explorar esas tierras que dan al mar Pacífico; ya me iba con él, pero no me fui, me salieron al paso las comodidades de la casita de mis padres, la rémora del amor filial; estaba fregado dejar los viejos, la rueda de los parientes y visitas, la parranda, la novia, todo lo que acabó con mi ceguera desde aquella víspera de Concepción, en que me estalló el cohete en la cara... De haberme ido con el maderero, hora tal vez no me faltarían los ojos, y si estaba de Dios que ansina fuera, sería el mismo ciego pero no pobre... —suspiró el ciego hondamente, sacudió la cabeza de crin de caballo tordillo y añadió—: Ni el diablo... Voy a tentar a la muerta, quiero cerciorarme que es ella, la mujer de más buen corazón, que no se debía haber muerto, la que se murió... quiero saber qué tamaño y qué frío tiene ya el desamparo que, sin ella, se abre para mí, porque ella era la que aquí, en su corredor, me daba posada, y mis bocaditos en la cocina... ¡Cuando hay tanto hijo de puerca que anda sobrando, por qué se ha de morir la gente que hace falta!... Y todo, por ese desgraciado del Guberio..., ¿qué no tiene la culpa él?... que me lo digan a mí que, por ser ciego, vi muchas cosas con las orejas. Se emborrachaba el muy idiota y trastumbando entraba a estarla molestando, dispertando, a estarla jalando, a estarla manoseando, como si nunca hubiera probado mujer...¡Desgraciado!..., ¡tamaño bayuncón!..., ¡tamaño adulto... en cosas de muchachos de veinte con la madre de sus hijos, sabiendo que en una de éstas los iba a dejar sin madre... tal y como al fin sucedió, pero no debía haber sucedido así... es injusto el mundo, es injusto Dios, es injusto el hombre!...

El llanto bajaba por las mejillas del ciego, como lodo caliente. Al estar junto al cuerpo tendido, se inclinó: olía a flores y a ramas de mirto y la tocó para cerciorarse que era ella, la buena, la dulce, la frágil, casi magullándola...

De una puerta salió un chiquillo a darle de golpes, con las manos, para que se quitara. El probrecito creyó que le estaba pegando a su mamá. Lo cargaron para calmarlo en su cólera infantil contra el ciego.

El llanto del niño, lleno de dolor, penetrante chillido de bestiecita triste, se mezclaba al callado llorar del ciego barbón y con el pelo lacio, cano y largo de caballo tordillo.

En otros sitios de la casa, trajinada por las que servían café, copas de aguardiente, panes, y repartían cigarros de tuza y de papel amarillo, mujeres envueltas en pañolones y rebozos de luto; se veían encuclillados, frente a los rincones, alrededor de candiles de gas, a los jugadores de dados o barajas.

Por la mano del corazón, siguiendo el bordito de la vena, un adormecido enamorado sentía bajo la yema de su dedo fluir la sangre de su amada. Aquella noche de muerto, era la primera noche que los novios pasan juntos, y en hacérselo ver ponían cierta intención de angustia adolescente.

—El amor, pero lejos de estas tierras de ceniza, de ceniceros para hacer lejía, donde no se dan más que arbustos que producen espinas, zarzales, alfanjes verdes de magueyales y tunales. El amor, pero lejos de estas peñas de piedra caliza, donde no hay esperanza de que florezca nada... Y la muerte, también la muerte lejos de aquí, donde uno mismo aparezca pronto convertido en algo más que un pobre tronco exhausto, que un monte seco, que una bagatela de telas de arañas con moscas viejas y trementinas vegetales, en las que el rocío parece llanto... Si en mi mano estuviera, me llevaría a mi hija muerta a enterrarla lejos, lejos de estos pedregales, lejos de este funesto talpetate, para que en futuro, mañana mismo, fuera flor, fruto, hoja y no adobe, porque los muertos enterrados por aquí no tienen más porvenir que el de ser algún día parte de algún adobe, de alguna planta raquítica, de algún árbol sin primavera.

Antes de aclarar, las mujeres se arrodillaron en la pieza en que estaba el cadáver y rezaron. Las candelas apenas sobresalían de los candeleros, después de arder toda la noche. En las sillas y bancas, algunos de los que habían velado, con los sombreros sobre la cara dormitaban; otros friolentos y con los pasos tanteados, envueltos en ponchos y frazadas, aparte de sus gruesas ropas de jerga, encaminábanse a la cocina en busca de café hervido y algún pixtón con frijoles, de esos que amanecen algo encenizados, pero aún comibles. Los jugadores de dados y barajas seguían encuclillados en los candiles encendidos, y ya de día, en sus últimas apuestas, con cara de suicidas. No faltaba el borracho con hipo. La tos del Cucho en la luz del amanecer sonaba más cavernosa. Por la mano del corazón la yema del dedo enamorado seguía el camino de la sangre en la vena de una novia.

VII

Los amigos de Leland Foster, esposa del viejo John Pyle, siguieron siendo los amigos de Leland casada con Lester Mead, entre otras cosas, porque era novedoso irlos a visitar a un sitio en que la mesa de la costa tenía espumarajes de mantel de fiesta y el paisaje, siempre brillante del sol, altas palmeras, aves marinas, crepúsculos, sin faltar, en el saloncito confortable, un piano, whisky, cigarrillos, libros, revistas. El único amigo nuevo era Tom Beker. Medía muchos pies de altura. La cabeza se le miraba pequeña de tan alto. Muy rubio. Los cabellos color miel blanca. La peculiaridad en su cara, lo que le daba la fisonomía de perro simpático, eran los dientes salidos hacia el labio inferior.

Leland, apoyado el brazo en la orilla del piano, que le quedaba a la espalda, extendió el otro brazo para tocar una hoja de partitura que tenía abierta en el atril; pero no llegó a tocarla, porque Tom Beker dijo algo que ella habría rebatido en el acto, si Lester, su marido, no se le adelanta.

> *—Me amó por los peligros que he pasado,*
> *Y yo la amé por condolerse de ellos.*
> *Esta ha sido mi sola hechicería.*
> *La Dama; ved, atestiguarlo puede...*

—Que al moro amé para seguir su suerte —dijo Leland agitando su cabeza de oro verde, mientras el alto Tom mostraba las puntas de sus dientes en una fría sonrisa de incrédulo—, mi tenaz voluntad y mi desprecio del porvenir del mundo lo proclaman...

Por el fondo había entrado Carl Rose, quien apenas si podía con la pipa, después de una disentería que lo dejó más en sus huesos, y agregó en voz alta, casi gritando, para interrumpir:

—Moro, observadle.

> *Que alerta estéis me toca aconsejaros:*
> *La que a un hombre engañó, puede engañaros...*

Todos soltaron la carcajada, más cuando Tom Beker, escondiendo los dientes para cerrar la escena, dijo:

> —*Voy a arrojarme al mar ahora mismo...*

El mar se oía cerca, resonando, como una decoración de fondo, mientras los amigos, bañados de sudor, cada quien con su vaso en el puño, recibían el whisky que Leland les iba sirviendo. Ellos después servíanse el hielo y la soda.

Sobre un platito de color verde, Lester Mead vaciaba una lata de anchoas, golpeando la caja para que saliera lo que ya en olor apetitoso se regaba por el pequeño salón, para completar las aceitunas, almendras saladas y trozos de queso.

Ernie Walker siempre llegaba tarde; pero esta vez exageró un poco más su «bastante dejar los pies atrás de las agujas del reloj», como él definía sus impuntualidades. Se levantó el mechón de pelo, acercóse a servirse mucho whisky. El de su preferencia era un viejo whisky escocés bastante aromado.

—¡El escándalo del día! ¡Tury Duzy y Nelly Alcántara se divorcian, ya están separadas! Las dos están como si les hubiera pasado encima un tren balastrero; pelearon seis horas seguidas.

—Propongo un minuto de silencio en señal de duelo —dijo Carl Rose, solicitando con la cara de disentérico el apoyo del dientudo Tom, el cual, aun con la boca cerrada, mostraba la punta de la peineta de dientes.

—La idea no está mal —exclamó Tom Beker—, sobre todo para Lester, que jamás habla ni se ríe.

—Reíste tanto de junto, ¿verdad, amor?... —intervino Leland, en auxilio de su marido silencioso.

Por un momento, entre el grupo de los viejos amigos, pasó la figura de Lester Mead cuando era Cosi y andaba vestido con ropas que le iban cortas, el pelo largo y los zapatos rotos, ofreciendo «todo lo indispensable para el costurero», y casi escucharon su carcajada insultante: ¡Ya-já..., já, já, já, já...!

—Bien saben que a mí me gusta más oír —dijo el aludido tomándole la mano a Leland, que les propuso sentarse, pues estarían más cómodos.

—Si no es así, las sillas van a ser como tantas cosas inútiles; ya nadie se sienta; ya todos se han vuelto hombres de negocios, gente que sale de sus trabajos a tomar el coctail de pie; y que de pie conversa todo el tiempo... Es desesperante la gente que no se sienta... Los buenos tiempos del sofá, los sillones, las sillas, ya pasaron de moda, ahora nadie se sienta, igual que si no tuvieran tiempo, y se quedan horas y horas hablando así, pataleando como atados a una cuadra... Nada me desesperaba tanto como el coctail tomado de pie en Nueva York, después del trabajo.

Leland rodó un pequeño carrito, luego de buscar aire respirable en aquella atmósfera costeña, para llevar al fumador el whisky, las botellas de soda, el hielo, los platitos con aceitunas y otros antojos; pero ellos no se movieron, conversando de una nueva droga más eficaz que la quinina contra la malaria.

—A mí que me dé paludismo, con tal que se me vaya el insomnio; que inventen algo para dormir... ¡Desesperación, chuparse uno la noche como un caramelo, que no se acaba nunca, y que por fuerza tiene que irse tragando, porque apenas empieza a oscurecer el que no duerme empieza a sentir la noche en la boca, como algo que le quema, que le seca la saliva, que lo estremece...

—Yo tuve un tiempo de no dormir, de no pegar los ojos —dijo Tom, para decir algo después del fúnebre silencio que cerró las palabras de Ernie Walker.

—Para eso no hay remedio... —agregó Rose.

Por eso da rabia que descubran esto y aquello contra el paludismo, la sífilis, el escorbuto, y el diablo, y no inventen ni encuentren nada para que, en poniendo uno la cabeza en la almohada, los párpados se peguen con un sueño de lacre.

—Es que no es una enfermedad...

—Y qué es, entonces...

—Mal hábito...

—¿Mal hábito?; yo acostumbraba dormir nueve horas en mi casa; vine aquí y me paso las noches sin cerrar los ojos, y no puedo estar a base de somnífero y whisky, de whisky y somnífero...

Una suave melodía. El piano. Leland tenía ya en los dedos un estudio de Mozart. Callaron para oírla, bañados en sudor de la cabeza a los pies, luego se aproximaron al piano, para ocupar las sillas, poco a poco, sin hacer ruido. Sólo Tom Beker siguió en pie.

Esa noche empezaron a jugar tarde. Lester barajó el naipe con la fatiga redonda en los ojos. El calor era intenso. Los ventiladores azonzaban después de una, dos, tres horas de marcha, y como ventiladores las manos repartían las cartas en vuelta, vuelta, vuelta y vuelta. La última vuelta. No. Otra vuelta. Sí, otra vuelta. Y la última vuelta no llegaba nunca. La de «palabra de honor» que ésta es la última. Pero ya eran las cuatro de la mañana.

Al dejar su casa, Lester Mead se convertía en Cosi, su nombre popular, su nombre de guerra, aquel con que reía para vender sus mercancías, «todo lo indispensable para el costurero», ¡ya-já..., já, já, já, já...!, y por eso no le gustaba anochecer y amanecer jugando, como el sentenciado que ve levantarse el día hermoso y cruel.

Fue, jinete en un caballo retinto, hasta «Semírames», en busca de Adelaido Lucero o de sus hijos, y de camino encontró a los cortadores alborotados, blandiendo las guarismas como llamas de plata en sus manos cobrizas, mostrando sus dientes blanquísimos de amenaza, como si en su boca la paz también se hiciera guerra. Al encontrarlos supo Lester lo que sucedía; para el popular Cosi no había secretos y Lester Mead, o Stoner como también le llamaban, para los cortadores seguía siendo aquel hombre del ¡Ya-já, já, já, já, já, já...! inofensivo, niño y pájaro.

—Esta vez —le gritaron— no reclamamos mejor paga, sino garantías para las mujeres... ¡Las respetan o nos matamos todos!

Los cortadores alzaban la voz, tanto como los machetes, con el olor de las mujeres revuelto en las entrañas; ese olor a trapo de mujer, entre más íntimo, más desesperante, por la exigencia que despierta en el cuajo de la sangre del macho; ese olor a pelo de mujer; ese olor a aire de la costa que es sexo de sol y vegetal.

El muy bárbaro la desnudó, se quedó con la ropa y la dejó ir desnuda por el bananal; otro más hombre le salió al paso y la tumbó; pero vino otro más hombre y se la quitó, momento que ella aprovechó para huir y, lo habría logrado, habría escapado de tanto salvaje, si no le salen al paso los cuaches...

El suelo, terreno viejo conocido de Cosi, escapó rápidamente bajo los pies de su cabalgadura, hasta cubrir la distancia que mediaba entre el grupo de los alzados y la casa de Lucero. Adelaido no estaba, ni sus hijos. Así se lo informó doña Roselia. Andarían calmando a la gente, que se negaba a trabajar sin que antes se hiciera justicia. El sol de plomo se encargaría de matar los brillos del honor, cuando empezaron los hombres a asfixiarse, sin refresco de sudor en la atmósfera de fuego blanco, y las temperaturas palúdicas desmoronaran todo aquel empuje rebelde, bajo una máscara más amarilla que los odiosos polvos de licopodio que les vendían para echarle, en el ombligo, a sus hijos. Todos los alzados, cuando apretaran el sol y la malaria, acabarían por aceptar la befa, la deshonra, el catafalco de la mierda, como decía Adelaido Lucero, para no decir nada cuando perdía los estribos.

Pero esta vez estaba en sus buenos estribos y campeando por el lado de su obligación lo encontró Lester Mead. Sus caballos eran sus troncos. Cada quien, cada quien. Así deben tratarse los negocios. Lester Mead preguntó a Lucero el precio en que estaban comprando el banano.

—El racimo lo están pagando a veinticinco centavos oro, de nueve manos.

—Es un robo —opinó Lester.

—Y aquí ¿qué no es robo?

—Voy a ir a reclamar…

—A lo que va es a perder su tiempo. Mejor venda. Se le pasa la fruta y se perdió todo. Venda ¿qué? y la próxima fruta que tenga le dará tiempo para ir a reclamar antes que madure, con tal de que no vaya hasta Chicago.

—Donde sea…

Lester volvió su caballo. Al entrar en su casa, por los pasos lodosos que se veían en las grandas, supuso quiénes estaban. Los Luceritos, Lino y Juan, Bastiancito Cojubul, los Ayuc Gaitán. Todos ellos conversaban con Leland animadamente. Ella en medias palabras, y ellos repitiéndole palabra por palabra para que les entendiera.

—Preciosuras… —era muy de Lester aquel saludo del tiempo en que ofrecía todo lo indispensable para el costurero.

Todos hablaron. Lester los detuvo en seguida, anunciándoles que había dispuesto ir a hablar para que mejoraran el precio.

—Pero mientras usted va y habla, la fruta se nos vuelve una carambada —dijo Bastiancito, consultando a sus compañeros con los ojos.

—No importa, se perderá ésta, pero impondremos el precio, nos pagarán lo justo.

—Por un lado eso sería deseable, lo deseable sería eso; pero… —Macario Ayuc Gaitán hablaba muy despacio y repitiéndose—; pero está la cosa tramada de que la fruta se madura y pa qué jodidos trabajamos…

—Siempre supuse que ésta era una trampa —largó Juan Sóstenes a Ayuc Gaitán, moviéndose sobre sus piernas en horquetas—; una trampa en la que hemos caído al doble fondo de no ganar si vendemos, y perderlo todo si no vendemos.

—Pues ustedes harán lo que quieran, yo no vendo, a mí se me madura el alma, pero no el banano —todos soltaron la carcajada, incluso Lester, que insensiblemente se puso rojo—, pero no vendo ni un racimo, y no porque tenga cómo esperarme; estoy ensartado hasta la coronilla, pero el hombre en este campo debe defenderse contra los que le quieren imponer leyes injustas.

—Aquí lo injusto es el precio, y el engaño es el ajuste, porque engaño hay…

—Claro que lo hay... —dijo Lino Lucero, corroborando lo que repetía el cabezón corneto de Juan Sóstenes—; porque si a ellos la fruta se la están pagando a más, ¿por qué no van a podernos aumentar a nosotros unos pocos centavos?

—Acuerdo, acuerdo... —entró diciendo Leland en su medio español, con un paquete de cartas que salió a recibir a la puerta.

Lester explicó a Leland el motivo de aquella discusión, pero sólo cambió de idioma, porque siguió discutiendo con ella sobre el mismo asunto, ya que su esposa también opinaba que debía venderse la fruta al precio que ellos quisieran pagarla.

Al terminar el violento y breve diálogo que sostuvo con Leland, hablando nuevamente en español, exclamó Mead que estaba en lo dicho: ir a que le pagaran lo justo, exigir que no se burlara la buena fe de los cosecheros de fruta sembrada en tierras particulares.

—La carambada es el engaño. Dan ayuda de toda especie. No se puede negar. Hasta para combatir las plagas dieron. Y cuando la fruta está lista se disniegan a comprarla.

—¡Ahí es donde yo veo la trampa! —afirmaba Juan Sóstenes, sin dejar de mover la cabeza como un gran péndulo para afianzar el dicho de Juancho Lucero.

—A ellos con seguridad que no les ha bajado el precio en que les compran por allá mismo. Pero son de mala fe. ¿Qué les costaba pagarnos un poquito más? Jodarria. Son hombres malos y lo peor es que se hacen los buenos. Al bien lo han hecho malo como ellos. Es lo que pudre, la carajada de que parezcan bondadosos, desprendidos...

—¡Je!, ya vos también te estás poniendo sentimental, como tanto infeliz que anda por allí con el pecho hinchado de agradecimiento —gritó uno de los Ayuc Gaitán.

—¡No, tata, yo soy de los que más he dicho por aquí que todo lo bueno que hacen los de la «Tropicaltanera», lejos de ser caridad lo repagamos!

—Y aquí de lo de la fruta es inútil hablar —dijo Bastiancito—, yo estuve ayer con uno de los superintendentes, aquel que todo el tiempo mastica tabaco, mister... mister... qué sé yo cuántos...

—Exacto —adujo Lester—, porque eso son todos ellos, mister no importa quién sea, porque todos son...

—Son una... —exclamó Macario Ayuc Gaitán—; por poco digo una barbaridad, porque don Lester no es y es de la tierra de ellos.

—Lo que iba a decir —siguió Mead— es que sea el que sea, al llegar allí, todos son iguales, y es más, particularmente excelentes personas, es en sus funciones cuando se vuelven... lo que iba a decir Macario. —Luego, cortando, agregó—: Amigos, si ustedes quieren vender, pueden hacerlo, yo no vendo.

Salieron. Los pies se oían en el piso de la casa como si fueran cargando un muerto. Bastiancito golpeaba el sombrero aludo en el flanco de su pierna, sobre la polaina; Lino Lucero se mascaba los labios; Juan Sóstenes movía la cabeza que le colgaba de la nuca como si por el peso de la cabeza y de su pensamiento adolorido por la injusticia, la tuviera cercenada a medias.

—Al irte tú, voy a vender la fruta —dijo Leland con la voz cansada, en medio de un calor terrible, buscando el alivio de uno de los ventiladores.

—No la venderás, cuesta más de lo que dan por ella y eso no se debe hacer nunca; transar con la injusticia es el principio de toda la derrota moral de nuestra llamada civilización cristiana.

—Pero si ellos son los poderosos, mi niño.

—Los poderosos hoy, ¡diablos!, porque nos roban; pero a la blanca oveja se le pueden cambiar los dientes; tú, que antes escribías cuentos para esas revistas en que nos mostramos al mundo con infantilidad de niños viejos, deberías escribir el cuento, no del lobo con piel de oveja, eso es muy antiguo, hediondamente antiguo, sino de la oveja a quien el dentista le puso una buena dentadura de lobo, para poder vivir entre los lobos.

Un sombrero sobre un hombre, una maleta al lado de un hombre y una pipa en la boca de un hombre. El paso firme, resonante, que lo acompañó hasta el zaguán de piedra, esfumóse de pronto, como si se hubiera perdido en un piso de sueño. No vio hacia abajo, porque bien sintió, bajo las suelas de sus potentes zapatos, que era la acolchada alfombra de la oficina de la gerencia de la «Tropical Platanera, S. A.», en la pequeña metrópoli.

—Señor Lester —dijo el gerente general—, no tengo intención de perjudicarlo en sus intereses, pero no podemos comprar fruta en ese precio.

—Yo puedo esperar a que usted cablegrafíe, se dirija a la casa matriz; vamos, podría hablar por teléfono con Chicago; es cuestión de horas para que la fruta se nos pierda.

—Señor Lester, no puedo perder el tiempo, mi tiempo, que vale más que la fruta de ustedes. Acabamos de echar al mar dos embarques de fruta...

—Pero...

—Dos embarques de fruta que hacen un total de un millón de racimos, echados al mar.

Lester Mead frunció el ceño, sacó su pipa para rellenarla de tabaco, mientras el gerente atendía a un empleado que le recordaba su presencia en el campo de golf; al salir el empleado, Mead se puso de pie, estrechó la mano del gerente y se marchó, paso a paso, hasta encontrar el ruido de su persona andando en las baldosas del zaguán.

Sus maletas siguieron con él por el Atlántico. Nada más triste que un barco de éstos que son como sepulcros blanqueados, de éstos que traen el veneno contra la sigatoga, y se llevan a los grandes mercados los gigantescos racimos de banano.

—La flota de los cadáveres blancos —dijo Mead al negro que le servía en el camarote y el cual, siempre que entraba o salía, daba la impresión de que iba a golpear su cabeza con lo de arriba de la puerta, lo que no sucedía porque en el momentito se agachaba.

Algunos empleados de la gran empresa bananera viajaban de vacaciones, sin perder sus hábitos de aves de oficina, con la ropa olorosa a envoltorio de medicamento de patente.

Lester Mead, para algunos de estos empleados, los viejos, seguía siendo Cosi el de la carcajada (ya-já, já, já, já, já...), sólo que con otra chifladura: explicarles que ninguno de ellos sabía lo que significaba sembrar esa miserita olorosa a humedad, color café sucio, casi como un pedacito de tumor, y verla muchos días inmovilizada, para, de pronto, por una buena vez, ponerse en movimiento, y en movimiento y en movimiento hasta ser una planta prodigiosa.

Un pastor protestante notó que los pasajeros se le escondían a Lester. Casi establecieron, entre ellos, un servicio de espionaje, para no encontrarse con aquel loco desatado. Señas con las manos, pequeños silbidos, rápidos «chi, chi, chi, chi», daban la señal de su presencia y el que avanzaba por un pasillo retrocedía, y el que estaba en la borda, mirando el mar, echaba hacia el lado opuesto del que traía Mead, y el que iba a sentarse al salón, al ver entrar a éste, no se sentaba, y si estaba en el salón, buscaba el asilo de su camarote.

El pastor se interesó por aquel loco inofensivo. Bailaba como una cáscara el barco en el Golfo de México, lo que no impidió que el pastor, agarrándose de las paredes, de los barandales, llegara a una de las sillas de cubierta a sentarse al lado de Lester Mead.

Montañas y abismos de agua; así debe haber sido la tierra en formación, sólo que en lugar de agua eran materiales hirvientes, sólidos, alevosos, turbios. A Lester Mead, mientras evocaba con el pastor las lecturas de la formación del globo terrestre, lo que más le interesaba era indagar el momento en que el hombre contó como aliada a la planta que produce el banano.

—¿Y cree usted, reverendo —se incorporó en su silla con sus ojos verdes, verdes, su nariz aquilina y su cara quemada de sol—, que la tierra, que las materias ígneas, que la vida se esforzó en producir esa planta para que estos miserables se enriquecieran ilimitadamente hasta convertirse en los grupos financieros más poderosos del Caribe?

El pastor hizo algunas referencias a los Evangelios. Lester, más incorporado, aunque tuvo que afianzarse en la silla, porque el barco iba como sobre los lomos de potros en doma, exclamó:

—¡Ah!, pero, reverendo, por mucho que se estire el lenguaje de los Evangelios, éste sigue siendo inflexible, no tiene medios tonos, no permite componendas, no acepta arreglos: «Si tu mano derecha te ofende, córtala y arrójala...» Acaso el papel de los hombres de religión sea conciliar esos mandatos inflexibles con la conveniencia de los hombres y, especialmente, la de los que sacan sus millones de la explotación de la tierra y el hombre que trabaja esa tierra, comportándose como salteadores de caminos, sin necesidad de ser canallas —y tras un breve silencio que el mar llenó con los golpes de las olas sobre el casco, y el cuarto de máquinas con su trepidar incesante, siguió Lester Mead—: porque para eso se es millonario, para dejar de ser el rico canalla, un millonario es eso, el rico que se puede dar el lujo de dejar de ser canalla...

El sombrero, las maletas, la pipa. Solo, entre millones de habitantes, esperando la señal de la luz que le diera paso al automóvil en que iba, y que tomó al salir de la estación en Chicago, a donde fue en ferrocarril desde Nueva York.

Durmió toda la noche, y se despertó muy temprano. Desde la cama seguía los ruidos de la inmensa ciudad que iba despertando bajo una colcha impenetrable de neblinas oscuras. Refregó el cuerpo entre las sábanas de sabroso lino inglés, para alargarse, y hundió la cabeza en la almohada cerrando fuertemente los ojos, para luego, poco a poco, soltar los párpados y con los párpados entreabiertos sentir que lo invadía un como agradecimiento a la vida por habérselo llevado lejos de aquellas ciudades, al mundo vegetal de sus bananales.

Se rasuró, se bañó, se vistió precipitadamente. Su sombrero, un portafolio, su pipa. La hora. El reloj. La carrera para tomar el elevador y descender. La puerta. La calle. La lucha para cruzar entre los miles de personas que pasaban, hasta el primer vehículo disponible.

El Papa Verde le esperaba. El lenguaje era una broma pesada en este caso. El Papa Verde lo esperaba, pero fue él quien tuvo que perder casi tres horas para ser admitido a su presencia.

El jerarca más alto de la «Tropical Platanera, S. A.», enfundado en un traje gris de paño finísimo, camisa color salmón de seda italiana, corbata amarilla, le esperaba detrás de su escritorio. Al verlo entrar se puso en pie, le tendió la mano y le ofreció una silla.

Ya estaban frente a frente. El Papa Verde en su sillón giratorio, mirándolo con dos ojuelos insignificantes, detrás de dos gruesos lentes montados en aros de carey color de ébano muy oscuro, y él también viéndolo. Es tan rápido ese instante en que dos personas que por primera vez se ven, dejan de verse detalladamente. Un cigarrillo. El Papa Verde echó hacia atrás su sillón para contestar a Lester Mead.

—Estamos de acuerdo, señor Mead, todo lo que usted dice es exacto; pero no sólo no podemos comprar la fruta más cara, sino que ya di orden para que cesen las compras.

—Es una ingratitud...

—Somos una empresa comercial y una empresa comercial, señor Mead, no es una sociedad de auxilios mutuos, salvo que el edenismo que engendra el millonario altruista lleve a considerar a la «Tropical Platanera, S. A.» como una empresa benefactora de la humanidad, cuando es una agrupación financiera.

—¿Y no cree usted que habrá accionistas de la «Tropical Platanera, S. A.» que no quisieran que su dinero se multiplicara así, que de sólo imaginar los procedimientos que se emplean se avergonzarían?

—Los accionistas sólo ven los dividendos...

—¿Y usted los conoce..., los conoce a todos?

—No interesa. No se trata de personas, sino de acciones.

—Desgraciadamente, porque algunos accionistas se molestarían. La mayoría desconoce que sus dividendos provienen de negocios que no son lícitos. Si los accionistas supieran que a cambio de sus enormes, fantásticas ganancias, se está creando la más tremenda de las quintas columnas contra nosotros, la que nace de la vida sin esperanzas...

Mead, bajo su apariencia tranquila, sentía la sangre hirviendo en sus venas y como regándosele bajo la piel.

El Papa Verde lo veía con sus ojitos de gusano, tras lentes tan gruesos que formaban con las luces del escritorio círculos concéntricos, igual que si al final de dos cartuchitos luminosos, en el fondo de dos espirales, estuvieran depositados aquellos ojillos potentes, inexpresivos, firmes, de metal de bala.

—Si los accionistas supieran lo que es cultivar un pedazo de tierra, sembrarlo de banano, y luego, cuando el fruto se presenta como la más dulce esperanza de la vida, llevarlo a ofrecer, transportándolo con dificultades y cuidados en carros tirados por bueyes o en mulas y colocarlo allí donde puede ser comprado, y esperar bajo el sol horas enteras, y llenarse de ilusiones sobre el beneficio de lo que es el fruto del trabajo honrado, y de pronto recibir la negativa del inspector, que se niega a comprar los racimos por las mil causas que se invocan en esas cosas y que todas se convierten en el maltrecho fruto tirado a la orilla de la línea férrea, como una cosa muerta, como algo que no vale, que se cultivó inútilmente, porque no tiene precio, porque no representa nada para nadie, ni para el que lo produjo, ni para la compañía, ni para regalarlo... y se queda uno con el cadáver de un ser que le costó tanto y que no es muerto, porque vive, es realidad verde, presencia fija, patente, sino porque al no comprarlo se le ha restado su valor de relación con el mercado que ustedes manejan a su antojo.

El silencio del Papa Verde no lo desarmaba, lo agraviaba. Mead sentía que su esfuerzo era inútil. El Papa Verde era ajeno a la vida humana, un ser de números, un ente de cifras escritas con tiza en las pizarras negras de la bolsa de Nueva York.

—Y si para producir ese bien que fue esperanza de un hombre, de una familia, de un pueblo, no sólo se ha puesto el trabajo sino se ha sacrificado lo que más vale en la vida, la salud, hay que medir todo lo que significa el desprecio que en pago de tanto afán, recibe el productor, del inspector que ni siquiera se vuelve a ver el producto, porque de antemano sabe que no debe comprarlo. Palúdicos, tuberculosos, ciegos por la onchocercosis, hidrópicos, hilachas de miseria fisiológica, sangre, pus, sudor y aguardiente...

El Papa Verde removiéndose en su sillón, dio dos golpes con los nudillos de la mano derecha, antes de decir:

—Para eso tenemos hospitales, consultorios...

—¡Ya-já..., já, já, já, já...!

Lester Mead soltó la carcajada estridente que si en las plantaciones, cuando era Cosi, se oía a muchas millas, aquí hizo trepidar los cristales.

—Vendemos carne barata y todo barato en los comisariatos...

—¡Ya-já..., já, já, já, já...!

—Y hemos invertido millones de dólares en valorizar tierras insalubres, y repartimos en salarios y sueldos más dinero que los mismos gobiernos...

—¡Ya-já..., já, já, já, já...!

Un hombre de cara redonda, nariz roja, vestido de guerrera oscura, apareció detrás del cortinaje de una de las ventanas y se puso al lado del Papa Verde con una ametralladora, diminuta como un animalito doméstico. Mead ya no lo vio, salía a grandes zancadas, y al detenerse el elevador en el piso 53, ocupó un pequeño sitio entre las cuarenta personas que bajaban, convertido en una sardina, los ojos llorosos de haber reído así, violentamente, a carcajada suelta.

VIII

Leland estaba en la estación. Fracasó en su intento de abrir un frasco de perfume. Entre los bocinazos de Carl Rose, que la condujo en su auto a la estación, y las voces con que la apuraban la vieja Roselia y la esposa de Bastiancito, no hubo cómo abrir el frasco, ni calentándolo a la llama de su encendedor.

Los hombres en fila, pegados a la pared, esperaban la vuelta de Mead. Peores noticias había. Ya no compraban más fruta. El trabajo de dos años. De la pena se les quedaban trabadas las quijadas. Los Ayuc Gaitán maldecían del Cucho. En mala hora le oímos sus consejos. Si estuviera vivo le escupiríamos en la cara, que aquí no se viene a pelear con el mar, sino con una punta de hijos de mala madre.

—Es que nos embrocó, nos embrocó —decía Macario, mientras su hermano Juan Sóstenes repetía:

—Bien decía yo que había trampa, y trampa de dos fondos.

—Explicá, Juan Sóstenes, eso de trampa de dos fondos.

—Es que ahora nos quitan las tierras, porque las abandonamos nosotros, dado que no nos producen nada, o bien porque se las vendemos, y entonces ellos se aprovechan de lo que ahí tenemos y sanseacabó.

—Pero no oíste que ni ellos están sacando todo su banano...

—Táctica, qué fregados...

El tren de pasajeros se detuvo ruidosamente. Mead bajó con su sombrero, su pipa y sus maletas, una en cada mano. Su figura se destacó del puñado de viajeros pringosos y de caras cobrizas.

—Apuremos —dijo Carl Rose después de los abrazos, saludos y apretones de manos—, porque se está poniendo el agua y va a llover recio.

Bastiancito, los dos Lucero, el viejo Lucero no pudo llegar por un reuma-cojo que le agarró hace días, los Ayuc Gaitán, saltaron a sus caballos, después de la bienvenida, mientras en el automóvil de Carl Rose subían Leland, Lester y Walker, que por poco no llega a tiempo a la estación.

—¿Sabes la noticia? —le preguntó Walker a Lester mientras Carl Rose hacía andar el motor.

—Lo oí de labios del Papa Verde... No compran más fruta. Estamos arruinados.

—¿A ningún precio? —preguntó Leland, apoyando una gran aflicción en la parte final de su pregunta.

—A ningún precio.

El aguacero no se dejó esperar. Por todos lados caía y, francamente, el automóvil de Carl Rose ya era una carraca vieja.

—¿Por qué no has cambiado de auto? —preguntó Mead, cuando todos hacían bromas de aquella gran cafetera movida a gasolina en que se iban haciendo sopa.

—Porque soy sentimental y para mí tiene un recuerdo sentimental, y me da no sé qué pensar que, con todo y mi recuerdo, van a lanzarlo a uno de esos barrancos que la compañía llena con carros usados. He tenido que pelear para que no se lo lleven a embarrancarlo, a que entre cientos de carros quede ruedas para arriba como hierro viejo. Todavía rueda.

—Yo que tú —dijo Leland— lo ponía en la sala de mi casa, como las carrozas de los reyes en los museos, y hacía una descripción de su significado para turistas, indicando que en él tuvo Carl Rose una aventura que empezó así...

—¡Termina de una vez con tus bromas!

—No, si estoy empezando, y no es broma.

—Vamos a ver cómo empezó... —dijo Walker con el mejor humor del mundo.

—Mejor callo, porque si hablo es capaz que estrella la carroza.

—No, porque para él es sagrada. ¿Verdad, Carl Rose, que no serías capaz de estrellar el auto, sabiendo que entonces iría más luego a pudrirse en el fondo del barranco de los autos viejos?

—Pues este capítulo sentimental empezó como empiezan todas las aventuras en automóvil... —se oyó la risa contenida de Leland, que siguió diciendo— ...por el bocinazo, reclamando el cumplimiento de la cita; bocina, bocina, bocina... hasta el instante en que la bella durmiente aparece, porque era de noche, no porque estuviera durmiendo de día. La portezuela, abierta al tacto, nerviosamente, y cerrada de golpe, ya con la dama en el interior del vehículo, que no podrá escapar porque en la otra portezuela se ha dejado el seguro puesto. El motor. La vibración del motor subiendo por los pies a las piernas, por las piernas... Luego un poco de velocidad para electrizar el cuero cabelludo y producir un desfallecimiento de la cabeza abandonada, en el hombro del que en el volante sigue atento a las curvas del camino... Un necesario cambio de velocidades, y entre las velocidades y las extremidades inferiores de la amada una inesperada relación de continuidad... La primera, la segunda, y el muslo con no sé qué suavidad de directa...

Carl Rose, ante la imposibilidad de callar a Leland, iba con el acelerador a fondo. Chismografía contra motor. De golpe se detuvo frente a la casa de Mead. Estaba a salvo. Frenó el auto y la chismografía de Leland.

Mead abrió una de las maletas en su cuarto y salió con obsequios para los amigos que fueron llegando, en sus caballos, más tarde. El más caro de los regalos, todos lo veían, era una preciosa pistola, encargo del viejo Lucero. Unos regios pañuelos para presumir, unas lámparas eléctricas, y otras vistosidades que entre arrumacos y agradecimientos fueron recibiendo las esposas de sus socios.

A pesar de los regalos, faltaba lo principal. ¿Arregló o no arregló nada?

—Muchachos, mañana hablamos —dijo Lester, urgido por todos los ojos de aquella gente buena que le interrogaba ansiosamente, sin atreverse a formular la cuestión.

103

El automóvil de Carl Rose, a quien acompañaba Ernie Walker, y los caballos se perdieron en la oscuridad caliente de la tarde. No iban montados. Avanzaban a pie, con las mujeres, tirando los caballos de las bridas.

Leland se sintió envuelta esa noche en una profunda y misteriosa anulación de sus facultades, cuando se acostó al lado de su marido. Su ser anterior al momento en que vivía era algo borroso. Tenía la sensación de estar suspendida, sin memoria, sin voluntad. En sus sentidos estaba, pero no en sus sentidos como eran antes, cuando ver era ver, oír, oír, palpar, palpar. Ahora, acostada al lado de su marido, veía, oía, palpaba, sin ver, sin oír, sin palpar. ¿Dónde nacen las nubes? ¿Dónde nacen las lluvias? ¿Dónde nace la integración amorosa del ser sediento de dulzura al que se da a beber una mirada?

—Leland —dijo él, ¿sollozo?..., ¿cuchicheos?... Voz, simplemente su voz, pero hondamente amiga para ella que lo adoraba, que lo tenía por un ser superior—. Leland... —repitió antes de seguir su pensamiento que nacía allí con ella como una plantita nueva y al nacer pisoteada—, Leland, hemos perdido el mundo; los norteamericanos hemos perdido el mundo.

Ella le apagó la frase con un largo beso en la boca, hasta hundirle la cabeza en el almohadón; después de besarlo sacó el brazo de la sábana para pasearse los dedos por los cabellos de oro verde. No era el dolor de haber perdido el mundo, eso sí es recobrarle; sino la pena de estarse perdiendo ellos, vueltos de espaldas a Dios. ¿Quién se salva con los ojos abiertos? Los únicos que se salvan son los que cierran los ojos y lo dejan todo. El la atrajo hacia su persona, apretándola contra su pecho, con los ojos cerrados, y ella, al sentir la violenta y dulce caricia de su marido, también cubrió toda su desnudez de esposa con la oscuridad de sus párpados.

Muy de mañana volvieron los intrigados vecinos, que empezaron siendo sus vecinos y acabaron por ser sus socios, a preguntar a Mead qué había hecho en favor de los pequeños propietarios de parcelas sembradas de banano. Mead, engulléndose un sedoso banano, les contestó:

—Antes que yo hable pido que me hagan una promesa: obedecerme ciegamente, porque estamos en lucha con el Papa Verde... —terminó el banano, al tiempo de cortar otro del racimo, y, mientras comía, con los ojos verdes se les quedó viendo, como veía después de cortar una de sus carcajadas de antes.

Las caras cobrizas mostrábanse anuentes a obedecerlo, a ciegas. Unos sonidos guturales confirmaron lo que las caras decían. Sí, obedeceremos ciegamente.

—El Papa Verde, para que ustedes lo sepan, es un señor que está metido en una oficina y tiene a sus órdenes millones de dólares. Mueve un dedo y camina o se detiene un barco. Dice una palabra y se compra una República. Estornuda y se cae un Presidente, General o Licenciado... Frota el trasero en la silla y estalla una revolución. Contra ese señor tenemos que luchar. Puede que nosotros no veamos el triunfo, ya que la vida tal vez no nos alcance para acabar con el Papa Verde; pero los que nos sigan en la trinchera, sí, si es que se mueven como nosotros, como el viento fuerte que cuando pasa no deja nada en pie, y lo que deja, lo deja seco.

—Pero no tenemos medios... —insistió Juan Sóstenes, moviendo la cabeza de un lado a otro, siempre desconfiado y pesimista—, y cabalmente estamos queriendo irnos a nuestro pueblo; no somos de por aquí, y aunque sea malcomiendo, por allá no es tanta la trifulca.

—Lo primero es usar la cabeza, lo segundo es usar la cabeza y lo tercero es usar la cabeza. El punto débil, el único punto débil que tenemos y es por donde nos derrotan y se salen ellos con todo lo que quieren, Juan Sóstenes lo ha dicho, es carecer de medios para subsistir; y en toda guerra, lo primero es subsistir.

—¡Tenemos deudas... eso es lo que tenemos!... —dijo Bastiancito.

—Ahí está el asunto; ahí es adonde yo voy, para que juntos hagamos el plan. Esta no es una lucha a machetazos; tampoco es una lucha que se va a ganar con discursos, tratando de convencerlos; no, es una lucha económica.

—La fruta ya no la compran... —quejóse con voz amarga y de reproche Lino Lucero.

—Lo sé. Me lo dijo el Papa Verde. Pero el que ellos no nos compren, no quiere decir que la fruta no valga en otra parte; la venderemos para subsistir; tráiganme un apunte de lo que cada quien piensa tener disponible dentro de ocho días, y yo voy a ofrecerla a los mercados de las poblaciones cercanas y, si es necesario, voy hasta la capital. Sólo espero un camión que compré y que debe llegarme de un momento a otro.

—Así cambiaría la cosa, aunque no cambiaría... —atrevió Juancho, el otro de los Lucero.

—Vendemos la fruta para ir pagando las deudas de que habló Bastiancito y para vivir pobremente, como viven los campesinos en otras partes, como vivían ustedes antes de venirse para acá... —sacó la pipa y mientras la fue llenando de poquitos de tabaco, añadió sentencioso— lo malo fue que con lo bien que nos pagaron los primeros racimos, nos acostumbramos a despreciar el dinero y creímos que siempre iban a pagar igual; lo derrochamos todo en tantas cosas inservibles que allí están, inservibles...

Macario Ayuc Gaitán encontró que el gringo aquel no iba descaminado. Macario no tenía muchas deudas que digamos; y ¡qué josémaría, lo último era defender la tierra a machetazos, que era lo más que le podían quitar! Dijo con la voz fuerte:

—Sí, muchá, hay que probar... Entre que volvamos allá al pueblo con la cola entre las piernas como chuchos corridos y el que le hagamos fijo al tormento, así como el señor Mead lo propone, no hay duda; el todo está en que el camión venga pronto, porque si no aquí nos vamos a morir de una fiebre u otra, aunque la peor sería la de la desesperación de que el camión no llegara.

—El camión vino conmigo, en el mismo barco, y sólo estaban esperando que hubiera un tren de carga para mandarlo.

—Ah, bueno; si es así cambia la cosa... —se animó Bastiancito, y todos los del grupo parecieron despertar de la modorra angustiosa en que estaban, cocinándose con el calor—; si es así cambia la cosa; vamos a ir preparando la fruta, a ver cómo sale el asunto; nos va a ir bien; la peor cacha es la que no se hace... —se levantó para marcharse, tendiéndole la mano a Mead, mientras los otros también recogían sus sombreros del suelo.

—Un momento —dijo Mead—, hemos visto el lado fácil de la solución que les estoy proponiendo; falta la parte labrada... —los animados rostros se bañaron en una tenue sospecha de que todo aquello era pan pintado—; el

Papa Verde puede hacer todo eso que él hace, porque cuenta con nuestras debilidades humanas; si no, vean ustedes lo que pasa en sus dominios: los que debían ser nuestros aliados, como hijos de estas tierras, son los peores enemigos, por estupidez, por egoísmo, por maldad, por lo que ustedes quieran; a unos les han enseñado a gastar cantidades tan fabulosas de dinero, que han llegado a creer que el dinero no vale nada y por eso, aunque ganen muchísimo, jamás verán su liberación, porque los han esclavizado así, dándoles sueldazos que ellos derrochan; a otros les dan facilidades para que echen la mano a retozar y por sus robos los tienen agarrados; a otros los han hecho cómplices de su iniquidad en acciones de bandolerismo...

Los Lucero, Lino y Juan, que de niños oyeron con espanto la risa de Lester Mead, cuando era Cosi, y hasta los asustaban diciéndoles ya viene el «viejo que se ríe», no dudaron que éste, sin ser Cosi, seguía tan chiflado como antes.

—Para qué decir más... —añadió Mead interrogativamente—. Ya sabemos que por unas píldoras de quinina, José Luis Marzul viola chiquillas de pocos años, que los testículos de los gerentes andan de mano en mano de las más encopetadas visitantes; que en las encerronas de ruleta y de póker corre el oro en billetes y el ron o el whisky con soda...

Bastiancito bostezó. Mucho hablar y nada en los platos. Los otros se movían molestos. Que les dijera la parte labrada, sin sermón.

—Además de ir a vender nuestra fruta en el camión debemos instaurar una economía de indio; yo no soy de aquí y sé lo que el indio puede por su frugalidad, por la simplicidad, por la aplicación constante que hace del sentido común, a su manera de ganar y de gastar lo que gana. Siglos han pasado, y los que no son indios, los que descienden aunque sea de muy lejos de los españoles, sufren cada día dos o tres grados de fiebre de grandeza. Y aquí en el trópico más y viendo cómo gastan los otros lo que ganan, peor. Volveremos, pues, amigos, a la economía de los pistos con nudos en el pañuelo. El indio, para gastar, saca el pañuelo y tiene que desanudarlo a fuerza de uña y dientes, y por eso no gasta tan fácilmente como nosotros que lo «andamos», como dice el guanaco Villamil, en todas las bolsas y por puños.

Al final de cuentas todos encontraron razonable que lo poco que se ganara con la venta de la fruta, en las poblaciones cercanas y en la capital, debían amarrarlo y no soltarlo.

—Una sociedad en la que lo que tienen son deudas, si estará chiflado... —dijo el viejo Adelaido Lucero, a quien sacaban al solcito de la mañana, inmovilizado por el reumatismo, peinado con cosmético oloroso a violeta y en su cinto, hacia atrás, la pistola que le trajo de regalo Lester Mead.

Doña Roselia; cargando a uno de los nietos, estuvo momentáneamente de acuerdo con su marido; pero en seguida movió la cabeza de un lado a otro y comprobó:

—¿Y el camión?... Ese camión colorado que él se lleva lleno de fruta todos los días...

—Son gerundiadas. Ya vas a ver cómo, un buen día, se cansa, al ver que es poco lo que ganan, y se acabó la sociedad y se acabó todo, y con más deudas, porque les quitarán el camión...

—No sé si darte la razón; aunque pensá que uno de viejo se pone dialtiro bocabajo y ya no ve más que el hoyo en que va a caer tieso de un momento a otro. Los muchachos están bien.

—Están bien jodidos dirás vos, se les ve por encima; no han podido hacerse de un trapo, ni una mudada nueva...

—Porque lo tienen convenido; la sociedad de no gastar se los prohíbe.

—Pero ésa, Roselia, es una solemne pendejada, estando ái el comisariato donde no faltan las buenas cosas baratas; yo lo que te compraba era perjumes, ¿te acordás, Roselia? Va uno a estar con la ropa de la necesidad en el cuerpo... Yo me bruñí trabajando, pero, eso sí, me di gusto.

—Gastaste lo que ahora tuviéramos más de junto, si no es yo que propongo y me emperro en que se les compraran las tierras a tus hijos, ahí estuvieran de mozos en las fincas.

108

—Es que yo era de la opinión de que el que viene atrás que arree y de que cada quién saque su bacín...

—Por eso es que, Adelaido, estos muchachos van a poder contra los de la compañía; no será luego algún día, si persisten en estar y estarse atalayándolos... Para darle la caída a esta gente tan mala, lo que precisa es hacerse sapo mil años... Pero mil años después, el sapo se sacude, como explica la Sarajobalda, cuando hace sus brujerías, y la montaña se cae.

—¿Y de qué, de qué me sirve a mí, a Adelaido Lucero Peña, que cuando yo ya esté más tierra que la tierra, suceda todo eso que tenés hablado?

Doña Roselia se rascó la cabeza con todas las uñas de la mano izquierda; en el brazo derecho sostenía al nieto que acababa de botar la cabecita sobre su hombro de vieja.

—Por eso, Adelaido, a mi parecer, y no me hagás caso pero oíme, eso es como una nueva religión. Yo sólo los oigo, pero hablan tan en serio de darle vuelta a todo esto, que hasta yo lo creo, y como lo hacen a base de no gastarse lo que ganan van saliendo...

—¿De las deudas?

—De las deudas...

—¡Lástima que a mí, Roselia, ya esa nueva religión de trabajo y ahorro porque eso es en el fondo, para no dejarse joder del rico, me haya agarrado viejo y reumático; si no, verían lo que es un aire con ventarrón!

—Nosotros, Adelaido, como los chuchos viejos, ladrando desde el corredor sin alzar más que la cabeza, y por aquello de cumplir con el deber de echar una latidita de vez en cuando.

—¿A qué viene eso?

—A que yo también ya les echo fuerte a los que vienen a la puerta con sus ofertas, que peines, que espejos, que jabones, que pañuelos...

—Si lo sabe el compañero Mead, porque así he oído que le llaman ahora, te ahorca: él vivía de eso, cuando era Cosi y se carcajeaba, aquel su ¡Ya-já, já, já, já, já!...

—Ahora dice que el último que se ríe, ríe mejor...

—Pues ya saben, aunque viejo me tiene a su disposición, soy un viejo soldado, y esta pistola se la puedo vaciar a cualquiera encima.

Las moscas no lo dejaban en paz, y era un ataque concentrado, de la carita del nieto a la cara del viejo iban y volvían las moscas. Bandadas de pericas tendían una cortina de humo verde, y detrás pasaban gritando. Todos vivían con la oreja pegada al aire. Les gustaba tanto oír el zumbido del camión.

IX

Ese día no zumbó el camión. No salió el camión. Leland tuvo el desayuno de su marido listo desde muy temprano, pero Lester abrió los ojos ya caliente el sol. Había aparecido la competencia. Los Fueté, nietos de un francés llegado cuarenta años atrás en la época del corte de maderas finas, andaban con un camión amarillo ofreciendo fruta barata. Por la tarde, Lester y Juancho Lucero salieron en busca de nuevas entregas. La noche les agarró en el camino. Era un viaje largo, pero consiguieron mejor precio. En plena meseta detuvieron el vehículo. De un gran termo sacó Mead un chorro interminable de arroz con leche. En el frío descompasado de las tierras altas, qué sabroso y reconfortante aquel menjurje, mitad sopa mitad atol. Lo caliente, al beberlo a sorbos, y el sabor a canela, agradaba a Lester como si jamás hubiera probado cosa mejor en el mundo.

Al pie del camión se tumbaron a dormir. ¿Cuánto tiempo estuvo Mead con el cielo sobre los ojos antes de cerrarlos? No sabría decirlo. El reloj de pulsera junto a su oreja le recordaba que era un ser sin tiempo. La dulzura del silencio derramado entre los árboles dormidos, entre las bestias echadas, se interrumpía con el paso del camión. Antes del alba, los faros del pesado vehículo barrían la carretera polvorienta, entre pedregales y sábanas de tierra sobrepuesta, sábanas de tierra muy fina que se volvía nube blanca en el aire. Las luces de la capital, sin extinguirse, brillaban en la claridad suave que

111

empezaba a teñirse de rosa en el Oriente. Bajaron con el motor apagado para ahorrar gasolina y los breques bien puestos, para no irse al barranco. Una que otra sombra caminante. Los faros del camión bañaban la espalda y la silueta de los peatones que iban adelante; luego al acercárseles y pasar, parecía que les cortaban los pies y los dejaban tirados en la oscuridad aún espesa.

Les arrebataron la fruta. Sí, materialmente arrebatada. Sólo los zopes en las carretas llenas de basura mostraban tal voracidad y tal premura para arrancar los desperdicios. En un decir amén no quedaba nada de su cargamento y se disputaban los grandes racimos de banano, hombres y mujeres que luego iban a buscar mozos cargueros para que les llevaran las pencas.

Mientras vendían el banano, Mead puso al lado del camión un gran rótulo anunciando que tomaban carga para la ruta y punto terminal. Le fue fácil conseguir carga. Un siriolibanés le contrató para que llevara mercadería. Su cabello rubio, sus ojos claros, su porte y condición de gringo garantizaban la carga, mejor que la mejor recomendación. Son gentes que no se roban nada, explicaba el siriolibanés, porque desde chiquitos los enseñan a ganarse la vida. Estos de aquí del país son unos puros ladrones, puros ladrones.

Más tarde, el contrabando del siriolibanés, mercadería que entraba por las fronteras sin pagar impuesto, bajaba a la costa amparada por la figura de Lester Mead, a quien las autoridades no muy se atrevían a pedirle papeles. Firmados los documentos de entrega, todo en regla, Mead, que ignoraba que era contrabando, volvió a su pescante, quitó el freno, echó a andar el motor y hasta su casa.

A los mercados cercanos, que los Fueté cubrían a medias, porque muchas veces fallaban, sustituyó, Mead y su gente, el mercado de la capital, dos veces por semana.

Pero un día, al llegar al mercado y plantarse en el sitio en que ya eran conocidos de una infinidad de marchantes, nadie se acercó. Un escozor raro le anduvo por el cuerpo a Lester. Era imposible que el mercado capitalino, con lo poco que ellos traían dos veces por semana, estuviera tan muerto.

Una verdulera color de papa cruda aproximóse a ver el cargamento aún cubierto por amarillas hojas de banano, sin movimiento los racimos porque ningún comprador se aparecía.

La mujer husmeó, vio, pujó...

—Ahora sí que no vendieron, mister... —le dijo—; pero cómo iban a vender si ayer y antier estuvieron regalando fruta en la estación...

Mead arrancó el camión, entre perros flacos, olor de comidas picantes, indios hediondos a guaro y una que otra vendedora desde muy temprano con zapatos nuevos. Las calles, el tránsito, la ciudad. Por un portalón abierto para que entraran camiones con materiales de construcción, ambulancias y otros vehículos, metióse directamente, hasta donde en un trecho de corredor se veía una hermana de la Caridad tomando notas en un cuaderno. La saludó y le dijo que mandaban esa fruta a regalar de parte de la firma Mead-Lucero-Cojubul-Ayuc-Gaitán y Compañía.

—¡Qué bueno —dijo la hermanita— que de allá nos manden estos racimos de banano, porque de allá sólo enfermos incurables nos llegan! Enfermos que allá dejaron sus pulmones. Nuestras salas están que ya no cabe un enfermo más, con decirle que muchos, pero muchos, muchos, duermen en el suelo.

Mientras descargaban la fruta Mead y Juancho Lucero, entraron dos ambulancias. La hermana de la Caridad, con los ojos muy vivos, agradecida a Dios Nuestro Señor que le hubiera permitido la comprobación de sus palabras, acercóse a Lester y le dijo en voz baja:

—Allí viene la otra fruta que nos mandan a regalar de esas enormes plantaciones, donde corre tanto dinero, aunque a nosotros sólo nos llegue la miseria.

Mead se quedó viendo desfilar una procesión de cadáveres vivos. Huesos humanos que tosían, que escupían sangre. Ojos salidos de las caras empapadas en un sudor amargo de quinina. Dientes ensayando una risa trágica entre los filos secos de los labios. Hedentina a llanto con diarrea. Los enfermos se las arreglaban para llevar sus ropas, los que podían andar, a los otros, en camillas de lona color café, les acarreaban de la ambulancia al interior, enfermeros descalzos vestidos con gabachas blancas.

Mead le dio un golpe en la espalda a su ayudante, que seguía siendo, en estos viajes a la capital, Juancho Lucero. La hermanita había desaparecido por el interior como si volara con las alas de su sombrero.

El camión se detuvo en una venta de repuestos de automóvil.

—No puede ser, porque por ésta di quince pesos menos; me la está cobrando muy cara...

El vendedor de llantas se encuclilló para ver de cerca el número de la llanta; luego se puso de pie para consultar el precio en una tabla mugrosa y manchada de aceite, y después de golpearse los dientes con el lápiz, hizo algunas multiplicaciones.

—Por ser usted, mister Mead, se la voy a dejar más barata; pero le suplicó que no se lo diga a ninguno, porque las estamos vendiendo más caras.

Juancho Lucero llamó a Mead con los ojos, lo llevó aparte y le dijo:

—Es una tontera lo que usted está haciendo; allá la compañía tiene plebe de llantas buenas y las tiran casi sin uso. De ésas habría que comprar.

—No las venden... —contestó Mead.

—Pero cómo no las van a vender, si todavía están buenas, si pueden dar servicio...

—No las venden, las tiran a que se pudran, aunque nosotros y todo el país esté necesitado de llantas medio usadas...

—Ofreciendo buen precio... son cientos de llantas las que echan en los pozos a podrirse...

—Podridas mejor que en uso, según ellos... —El camión rodaba hacia las afueras de la capital, con la llanta de repuesto que pagó Mead a precio de oro—, lo que sí les compraremos es algo del desecho de un hato de caballos... —Mead parecía ir hablando solo—, ...pero para eso habrá que buscar quién que no sea uno de nosotros les vaya a hacer la oferta... Le hablaremos a... estoy pensando... alguien... alguien del cual no sospechen...

El camión no volvió a zumbar hacia la capital y poco lo sacaba Mead, salvo algunos mandados por allí cerca, y de la ida al mar un domingo en que se fueron todos a día de campo.

La desembocadura del río les cerró el paso; sólo que, mientras el río seguía mar adentro, el camino terminaba allí. El agua del inmenso río iba tomando un tinte de miedo dulce, verdoso, frente a la soledad irascible y salobre del gran Océano. Ceibos más altos que torres, lisos, sin ramas hasta la copa, la copa en forma de canasto para juntar inmensidades. Larguísimos bejucos pendientes de las ramas, enredaderas parásitas, malezas. La vegetación agazapada abajo para la defensa de la humedad y la sombra y, como brazos interminables, los arenales que relumbraban igual que espejos machacados o playas de color rojizo como regadas de polvo de granates.

Los chicos de la comitiva, casi de todas las edades, hombres y mujercitas, recogían piedras y conchas de la playa, mientras los grandes, tumbados, arañaban la arena. Un pájaro solemne, de pico más grande que el cuerpo, pasó moviendo sus alas sobre los bañistas, desnudos como animales o como dioses de cobre.

De las plantaciones habían llegado otras gentes; trabajadores de la compañía en su mayor parte, con la forma de la hamaca en el cuerpo que balanceaban, brazos y caderas, al andar igual que si estuvieran colgados del cielo y la tierra. La mayor parte de la vida la pasan en la hamaca. En la hamaca duermen, hacen la siesta, reciben las visitas, se embriagan, se refugian en el frío de la calentura o en la calentura del amor, que en la costa es combustión de animales de monta. La espalda cóncava, las nalgas, lo de atrás en las piernas, hasta los camotes, todo en ellos respondía a la forma desgarbada y perezosa de la hamaca.

Se desesperaban frente al mar. Su vida cuadriculada se rompía ante la curva infinita del horizonte. No se encontraban bien fuera del cuadrilátero de su vivir cotidiano, habitantes de casas que eran unos palomares largos trepados en tamaños zancos. Arriba dormían, tenían sus habitaciones y su comodidad. Abajo, las pilas para lavar el sudor de su ropa, porque lo que más se iba por aquellos lavaderos era sudor de hombre, de bestia trabajada. Abajo también, las cocinas y las hamacas donde pasaban la mayor parte de su vida. Pero su casa correspondía a la forma de las fincas donde trabajaban, cuadriláteros alargados, uno tras otro. Su horizonte estaba formado por estos paralelogramos verdes cubiertos de bananales en filas geométricas a distancias iguales y las casas, en las llamadas «yardas», eran paralelogramos de madera, palomares más largos que anchos. Fuera y en su casa vivían dentro de la misma figura geométrica, inofensiva al principio, pero enemiga y desasosegante después. El mar, por eso, los desesperaba. Sus ojos seguían una línea distinta de la de los cuadriláteros en que pasaban su vida monótona, de una montonía geométrica que los iba anulando, para quedar siempre tablas, a veces entre las tablas del féretro, cuadrilátero también más largo que ancho, y siempre tablas con las cuentas que debían pagar al bodeguero sin que les sobrara nada de lo ganado con su trabajo.

Bastiancito Cojubul no fue al día de campo. Estaba algo aparatado de asma. Anduvo consultando al médico en el hospital y éste le aconsejó que no se acercara al mar. Entre otros enfermos, más mujeres que hombres, que esperaban en la consulta, escuchó una conversación que a todos les hizo mucha gracia y a Bastiancito, aunque tuvo que hacer como que se reía, lo hizo temblar dentro de los trapos igual que sacudido por el frío palúdico. Igual frío da el miedo.

—Puru, puru, purun poquito no le echaron el vagón encima, al camión de los de allá abajo —contaba un hombre adornado con gigantesco güengüecho—; puru, purun, purun poquito... estuvieron atalayándolo para... bueno... purun, purun, purun poquito no iba a soltar el vagón y que lo agarrara en los rieles y lo hiciera... bueno... purun, purun, purun poquito no iba a quedar de camión nada, y de los ocupantes menos, sangre y porquería... Pero se les pasó a los muchachos de tan papos que son, y cuando soltaron el vagón, empujado, ya el camión había pasado de los rieles... Si se detienen un segundo que hubiera sido en la línea, lo desbarata... Fue, pues, ja, ja, ja... purun poquito...

—Pero ahora ya no están vendiendo la fruta aquí cerca —dijo otro de los que estaban en la consulta—. Los Fueté les recontrachivaron el negocio, porque dieron la fruta más barata, y en la capital también los amolaron, trenes con desperdicio, llevaron a regalar a la estación central.

—Puru, puru, puruestos —contestó el bocioso con la voz cortante como si en el güegüecho moliera vidrio y lo escupiera, igual que lo escupía por sus ojos saltados—; puru, puru, purupuestos algo están haciendo porque de qué viven. Parece que el gringo ese que los capitanea tuviera acto con el diablo.

—No sería raro —dijo un cegatón de gusano atumorado en la frente—, con lo amigo que es Lucero de la Sarajobalda.

Bastiancito refirió esa misma tarde a Lester Mead lo del vagón de ferrocarril lanzado al encuentro del camión, que pasó sin darse cuenta del peligro que corrió. La noticia no restó alegría al día de campo. Sólo la tristeza de que Bastiancito no estuviera.

Lester, jovial como siempre, requirió el pequeño acordeón de Leland y se puso a cantar en inglés canciones sentimentales. Leland le aplaudía feliz de oírlo cantar, feliz de verlo feliz, y todos los demás, llevados por el sentido de la música, pues no entendían la letra, mostraban su gusto aplaudiéndolo.

Lino Lucero tomó una guitarra y cantó:

¡Ay, candoroso lucero,
cómo caíste en el mar,
en el barco aventurero
que te llevó a navegar!

Dice la gente que lloras
cuando llueve en alta mar,
mi corazón marinero
contigo va a naufragar.

La hora de las sandías fue tan alegre, Leland comía su rodaja como tocando un caracol de cáscara verde y carne roja. Sus cabellos, recogidos en una gorra de baño, asomaban sedosos para revolverle sobre la frente, enredársele en la nariz, pasear por la pulpa de la sandía hasta hacerla escupir miel y molestia de pelo. La verde luminosidad del mar los envolvía en una atmósfera de bananal licuado que a su verdor de agua profunda unía la vellosidad de oro de la luz del sol espolvoreada; y por eso se aproximaban poco a poco al embate de las olas azules para lavarse aquel resplandor de bananal marino y sentirse empapados en el agua añil, intensamente viva para ser sólo agua.

De las espumas asomaba Leland con los ojos cerrados llevándose la mano al corpiño para sostenérselo o tirando de los bordes de su calzonera que se le subía y le apretaba las hermosas piernas blancas. Lester jugaba al tiburón, sorprendiéndola, a veces, cuando nadaba. Sus dientes apretados en el muslo de Leland, hacían que ella sacudiera con eléctrica nerviosidad la pierna, gritara y saliera casi despavorida. Detrás asomaba Lester Mead riendo y gritándole:

—¡Conozco yo a una señora, víctima ella del tiburón que se ríe!

Bastiancito los vio regresar ya de noche. Estaba de visita donde el viejo Lucero. Don Adelaido se orilló al corredor poco a poco, apoyado en su bastón, para saludar a los paseadores.

—Pues, si es así, no van a ir muy lejos —dijo el viejo reumático—, porque les están tirando a matar; eso de quererles echar el vagón chuchocarril encima, pasa de castaño a oscuro, lo único es que este hombre, con todo y ser gringo, es muy vivo.

—Van a acabar con ellos, ya lo verá usted... aunque él dice que a la larga le podrán al Papa Verde.

—¡Ay, mijo!, si a ese Papa, como al otro que está en Roma, no se les ve fin, porque muerto uno, otro ocupa el mismo sitial...

—Entonces...

—Eso es lo que yo digo, Bastiancito, entonces... Por eso considero yo a este hombre en todo lo que vale: él no ha de ver el final de esto, pero se sacrifica para que lo vean otros que ya no seremos nosotros.

El viejo suspiró. La noche clara, ligeramente fresca, dejaba respirar en «Semírames». Sólo Bastiancito estaba con la molestia de que le repitiera el ataque.

—Para ese mal ahí tenés vos que es bueno el whisky.

—Así dicen, don Adelaido, pero a mí no me gusta ese trago que sabe como a remedio, como beber ácido fénico.

—Es bueno que te vayas a recoger; hay que acostarse temprano, así aprovechás el primer sueño y aunque la

118

tosarria te despierte en la madrugada y ya no te deje dormir, ya dormiste.

—Buenas noches, me despides de la niña Roselia, mañana será otro día.

El viejo levantó la cabeza. Las siete que brillan, el triángulo... Todo el cielo era una polvareda de luces que bien debía ser cierto que por allá jugaban a correr carros luminosos en inmensos caminos circulares.

X

Noches inolvidables. En el diario de Leland ocuparon muchas páginas. ¿Cuál de todas prefería? Si le dijeran que borrara una de ellas de su recuerdo, como si no la hubiera vivido, ¿cuál de todas esas noches dejaría en blanco?

No sabría, en verdad, porque todas fueron tan hondamente claras y al mismo tiempo oscuras; claras para una zona de su conciencia y oscuras para su amor que había tocado a ciegas lo que sólo es visible en los meridianos del alma.

Poco venían ya de visita los amigos de antes. Sin embargo, esa noche fueron asomándose cuando menos los esperaban, para hacerles la presentación del matrimonio O'Briend, de la señorita Morgan y el ingeniero Smollet.

La conversación fue desde el primer momento de lo más interesante. Todos parecían animados de un espíritu de estudiantes de universidad, turbulentos, románticos, ligeramente frívolos.

Carl Rose, con un clavel en la solapa del traje claro, se dirigió al medio del saloncito y ensayó a tomar el vaso de whisky con soda mordiendo el borde del cristal, para alzarlo y echárselo en la boca sin usar las manos y sin derramar una sola gota del precioso líquido, más precioso que la sangre de Nuestro Señor Jesucris...

—¡No blasfeme! —protestó la señorita Morgan cambiando su rubicunda fisonomía de persona siempre de buen humor.

Tom convino en que aquello era difícil; pero era más difícil encender un cigarrillo, colocándose la caja de fósforos en la punta del pie, el fósforo en la boca y el cigarrillo en la bolsa, sin abrir el paquete.

Todos se echaron a reír, acercándose al grupo que formaban aparte el ingeniero Smollet, el matrimonio O'Briend, Walker y Lester Mead. Walker se deshacía en atenciones con los O'Briend.

—Buenos jugadores de póker... —dijo a su oído, golpeándole la espalda, Carl Rose—, piernas nuevas olvidan viejas...

Walker se asentó la mecha rubia sobre la frente, agitó su vaso de whisky con soda e hielo, para que el hielo se fuera más al fondo; brillaba en la superficie del líquido ambarino como el fragmento de un espejo polar; y dijo:

—Exijo respeto para la señora O'Briend; la sociedad está basada en el respeto a los que son casados, siempre que el respeto no signifique condenarlos a que sigan siempre casados...

—Bribón... —lanzó Carl Rose, al tiempo de chocar su vaso con el de Ernie Walker, que sostenía en la misma mano el vaso y el cigarro puro, cuya ceniza cayó al suelo al choque de los vasos.

Pero estos cortos diálogos, entre risas, vasos chocados amistosamente y obsequio de cigarrillos, no turbaban al ingeniero Smollet en su exposición del caso de Anderson.

—Es el hombre que hizo posible todo esto... sin él no existirían las plantaciones. No sé hasta dónde sea un mito, pero cuando se visitan parajes como éstos; hay que imaginárselo realmente como un ser sobrenatural.

—«Anderson y el vuelo de las mariposas verdes» —dijo el señor O'Briend— piensa llamarle mi esposa a un *lied* que está componiendo ahora, tanto ha oído hablar de Anderson como de un ser legendario.

—¿Por qué «mariposas verdes»? —preguntó la señorita Morgan, asomando su cara redonda detrás del humo del cigarrillo.

—Bien se ve —intervino Leland— que es usted recién llegada; cuando tenga algún tiempo de vivir aquí, cuando se vuelva su mundo geométricamente cuadriculado y dentro de ese cuadrilátero la luz de sus días y la sombra de sus noches se convierta en una sola nebulosidad verde, entonces se explicará por qué de los bolsillos de Anderson salieron volando, mariposas verdes, para formar este mundo de cielo bajo el agua.

—Leland ha completado el cuadro —dijo Carl Rose—, porque he sabido que Anderson tomaba puñados de tierras de estos lugares y se los echaba a la bolsa, para luego hacer analizar esas tierras, como base al estudio concluyente a que llegó, de ser tierras propicias para la siembra y cultivo del banano.

—¡Muy bello! ¡Muy bello!... —exclamó la señora O'Briend, confiando a Leland sus ojos de durazno—, la tierra que por puñados se echaba a los bolsillos Anderson, como si hubieran sido bolsones de gusanos de esos que cuelgan de los mangales por aquí, salió un buen día convertida en mariposas verdes, en esas hojas delgadas de los bananales que dejan abajo una luz que es un constante volar de mariposas verdes.

—Pero, además, y para mí es lo principal —adujo Walker—, Anderson dejó un estudio de climatología, fuera, naturalmente, de los planos de la región, determinando su topografía, y lo que más privó para que aceptaran sus proyectos es, que al fijar lo relativo a los vientos, pudo comprobar que por este lado de la costa no se produce el «viento fuerte». Y, efectivamente, jamás se ha presentado.

—¡Gran señor enemigo! —indicó el ingeniero Smollet—; nadie que no haya visto lo que ocurre cuando se presenta, puede imaginarse lo que es el «viento fuerte». Es algo pavoroso. Con decirles a ustedes que yo, que he navegado mucho y he pasado fuertes tempestades en el mar, uno de los ciclones en Cuba, ninguno de estos fenómenos me produjo el pavor de cuando el «viento fuerte», pegó en el lado del Atlántico hace tres años. Uno siente que lo ahoga, lo asfixia, lo hace polvo. Es un viento huracanado que no sólo sacude y arrebata todo lo que está en la superficie, sino arranca de raíz árboles y edificios.

Lester Mead, que había permanecido callado, levantó la voz:

—Los que sostienen que la riqueza es producida por empresas mercantiles en las que no cabe el más pequeño ensueño, la más pequeña fantasía o fábula, ignoran que hay explotaciones que son como grandes sueños, y ésta

123

es una de ellas. Anderson soñó estas plantaciones de banano, y sus dueños creen soñar cuando ahora leen las cifras fabulosas de sus ganancias...

—Por eso Anderson se me aparece a mí como el demonio... —dijo la señorita Morgan.

Lester Mead la echó los ojos encima. Se le había adelantado. Para él también era Anderson la encarnación tropical del Tentador. Un demonio. La señorita Morgan lo había dicho.

—¡Oh!... —la señora O'Briend aceptaba tomar asiento al lado de Leland en la banca del piano, mientras los señores y la señorita Morgan seguían de pie—, si es un demonio, mi *lied* debería hacer otra cosa, ¿no te parece? —dijo a su marido, el señor O'Briend, quien carraspeó un poco al contestarle:

—Si te pones en ese plano, acabarás escribiendo algo que se llame *Anderson o la Tentación verde*.

Lester saltó:

—El Tentador verde, así he llamado siempre a Anderson, ¿verdad, Leland?, oponiéndolo al Tentador infernal bíblico que debe haber sido rojo.

—Sí, porque dices tú que subió a la cumbre de la montaña de la esperanza de muchos de miles de hombres, que es de color verde, y los llamó y le dijo: ¿queréis poseer el mundo?

—¡Es muy bello! —expresó casi al oído de Leland, la señora O'Briend, mientras el ingeniero Smollet, ensayando un aplauso con sus manos de boxeador, agregaba en voz alta:

—¿Queréis riquezas?

—Dejemos a Lester que nos lo cuente —propuso Walker—, siempre que antes colmemos nuestros vasos, y la señorita Morgan encuentre su asiento.

—No sabría decirlo ante tantas personas con los vasos sin whisky, tal vez cuando... No, a mí no, Leland, retiro mi vaso porque ya he tomado mucho... —dijo Lester.

—Ni yo... —cubrió el vaso con la mano abierta, la señorita Morgan—, ya llegué a la medida...

—Pero una gota no desborda el río...

—Gracias, es usted tan amorosa, señora, que no se le puede una resistir...

Ernie Walker se aproximó a la señora de O'Briend, para sentirla cerca. Era de los hombres que se conforman con tener cerca a la mujer que desean. Estar dentro de la órbita de su respiración, tomar del aire todas esas partículas infinitamente pequeñas de saliva que, era científico y comprobado, emanaban de la boca al hablar y del aliento al respirar. Y percibir su perfume, un perfume exótico, cuya esencia, en el trópico, se descomponía hasta hacerse violento y embriagador.

—Esa vez —empezó Lester Mead su explicación— subieron a la montaña los hombres de una raza fuerte, hijos de puritanos; en la frente llevaba, cada uno de ellos, la ciudad del bien; a sus ojos iban a dar largos caminos de estrellas, reflejos de luces en el agua; en sus carnes de raíces, las intemperies no mordieron; eran demasiado duros para ser débiles, y buenos como niños, para ser malos. Todos dormían bajo las estrellas. Una gran oscuridad de brillos minerales y parpadeantes luces abajo, donde la ciudad empezaba. El demonio verde se acercó a aquellos hombres; llevaba en su tiniebla escondido el color de la esperanza más real, que es la del dinero en su expresión más tentadora: el verde-papel-moneda-oro. «¿Queréis riquezas?», les preguntó, sin mostrar bien el rostro, hipnotizándolos con sus ojos de bovino. Aquéllos respondieron que toda riqueza costaba mucho trabajo y que se contentaban con lo que tenían, para no trabajar más. «¿Trabajo?», se les rió en la cara el Tentador, «¿Mucho trabajo?» Una baba de culebras molidas le salió por la boca. «A vosotros no os costará ningún trabajo esta riqueza fabulosa: abrid los ojos, ved aquí abajo, buscad entre dos mares esas tierras azules, montañosas, y yo os daré las semillas que se convertirán en plantas del color del dinero verde, plantas que serán por sus frutos, como si sus hojas, todas sus hojas, todos sus follajes, fueran cambiables en el banco, cortadas en mil pedazos, por monedas de oro y por barras de oro...»

—Y aquella raza de hombres fuertes —siguió Lester—, hijos de puritanos, aceptó. Los millones multiplicados por los bananales los hacían dueños del mundo, señores de la creación. Hubo necesidad de un jefe y en junta de accionistas que estaban sentados sobre barras de oro, se eligió al Papa Verde. Nada más fantástico que aquel demoníaco

125

multiplicarse de la riqueza, a base del color de la esperanza de los hombres, dada a una raza llamada a más alto destino, para perderla de su camino recto; y ése fue Anderson, el Tentador, el que les ofreció aquellas tierras y en esas tierras la riqueza sin trabajarla ellos, porque eran otros hombres los que iban a trabajarla, porque eran legiones de hombres sudorosos, de hombres pringosos, de hombres empapados en fiebres, de hombres ciegos por la miseria fisiológica, de hombres cuyo destino era ése: trabajar para la raza fuerte del Tentador...

Reinó un espaciado silencio después de las palabras de Lester Mead, el cual llevó a sus labios el último sorbo de whisky, más agua que whisky, porque mientras hablaba el hielo se había licuado en el vaso.

La señorita Morgan dijo con timidez:

—Es curioso, pero yo también había pensado en esa raza fuerte, que esta riqueza del Tentador Verde ha convertido en... en lo que somos... unos explotadores y nada más...

—¡No, por favor, conclusiones, no! —gritó Tom, apoyado por Walker, cuya voz se oía, repitiendo:

—¡Conclusiones, no! ¡No saquen conclusiones! ¡Lo que se ha dicho debe quedar como se ha dicho, pero nada más!

—¿Y entonces para qué hemos hablado? —dijo la señorita Morgan con cierto enfado cortés.

—Para que la señora O'Briend —Walker sostuvo las letras del apellido de la bella señora O'Briend entre los labios, para saborearlo— sepa a qué atenerse al componer el *lied,* si lo hace sobre la fábula del hombre y el vuelo de las mariposas verdes o sobre Anderson el Tentador, creador de la riqueza verde y del Papa Verde...

Sólo los ojos de Leland adivinaron la tempestad que pasó por el corazón de su marido.

—Las conclusiones están a la vista, no hay que sacarlas ni enunciarlas. ¿Por qué, si se ven? Por unos puñados de dinero, por el dominio de estas plantaciones, por las riquezas que, aún fragmentadas en dividendos anuales, son millones y millones de dólares, perdimos el mundo, no la dominación del mundo, ésa la tenemos, sino la posesión del mundo, que es diferente, ahora somos dueños de todas estas tierras, de estas tentaciones verdes, somos señores; pero no debemos olvidar que el tiempo del demonio es limitado y que llegará la hora de Dios, que es la hora del hombre...

—¡El «viento fuerte»! —dijo el ingeniero Smollet, para cortar por lo sano; él era un hombre práctico y aquella perorata le parecía un mal sermón dominical.

—El ingeniero lo ha dicho; pero no el «viento fuerte» que él ha explicado aquí como algo espantoso, como una fuerza incontrastable de la naturaleza... La hora del hombre será el «viento fuerte» que de abajo de las entrañas de la tierra alce su voz de reclamo, y exija, y barra con todos nosotros...

Tom Beker, con una escoba, la encontró tras la puerta allí mismo, empezó a dar escobazos a los amigos, diciéndoles:

—¡Fuera, fuera, fuera...!, yo soy la escoba, yo soy el viento fuerte.

Todos saltaban para evitar el escobazo en los pies o echaban el cuerpo hacia adelante para no recibirlo tan fuerte en la espalda o abajo de las piernas.

—¡Que Tom baile con la escoba! —gritó alguien.

Y la señora O'Briend se puso a tocar un paso alegre, que aprovechaban todos para saltar, tomados unos con otros, formando parejas, hasta un momento en que el compás del piano se hacía más ligero, en el cual cada quien abandonaba a su pareja, para cambiar, mientras el que llevaba la escoba la botaba al suelo e iba en busca de quien agarrarse. En el cambio de parejas, el que se quedaba solo recogía la escoba y bailaba con ella hasta que de nuevo aceleraba la música y se tornaba al cambio de parejas.

Walker, mientras cambiaban parejas, levantó del piano a la señora de O'Briend, y pidió a Leland que siguiera tocando. Leland tomó el compás y siguió tocando. El señor O'Briend estaba tan a gusto con la señorita Morgan que ya no se acordaba de los cambios, menos cuando le tocaba soltar a su joven compañera. Hubo un momento en que el señor O'Briend le quedaba su esposa como pareja. En el acto se agachó a recoger la escoba. Walker adivinó al marido perfecto en aquel hombre discreto y atrajo de un tirón amoroso, pero disimulado en los afanes de la danza, a la dulce amiga de los ojos de color durazno. Si hubiera podido besarla allí, ahora que la tenía abrazada. Un momento después bailaba con la escoba. Era estúpido el cambio, pero era obligatorio. Una escoba, una vil escoba, en lugar de su amada fruta del «cercado ajeno».

—Estos amigos son el diablo mismo, qué diablo verde —dijo el ingeniero a Lester Mead—; pero, efectivamente, lo que a ellos les ha parecido un motivo de danza, va a ser danza macabra si no se rectifican los procedimientos. El viento fuerte, como usted ha dicho, será la revancha de esta gente trabajadora, humilde, sufrida, explotada; yo pienso decirlo así con todas sus letras al rendir mi informe.

—No había escoba, no se oía piano, pero las parejas seguían cambiadas... —contaba al día siguiente Walker, mientras se afeitaba, a Tury Duzin, que le seguía la conversación desde el saloncito de recibo—, la Morgan con O'Briend.

—Ese joven envejecido me da la impresión que es impotente —exclamó Tury Duzin.

—Esos son celos...

—No es mi tipo la Morgan...

—Y yo, ya se sabe, con la guapa señora O'Briend...

—Me gusta más...

—A mí también...

—¿Qué otras parejas había?

—Tom Beker y el ingeniero borrachos...

—Pero también se entendían...

—Yo no sé si se entendían en el sentido que tú le das a la pregunta, el león cree que todos son de su opinión, Tury Duzin; lo cierto es que Tom quería besar al ingeniero, porque decía que era su padre y el ingeniero abrazaba a Tom porque decía que era su hermano. De haber estado tú, ¿con quién hubieras cambiado al bailar la escoba?

—Con Leland...

—Allí sí que vas perdida...

—Totalmente. Es, como todas, una asquerosa mujer normal; y, con ese marido más loco que una cabra, digno ciudadano de su Falansterio.

—Anoche predicó. Dijo que un viento fuerte desconocido, más devastador que el que se conoce con ese nombre, soplará sobre las plantaciones para barrer con todos nosotros, cuando el demonio verde sea abatido por Dios en la hora del hombre.

—Es el insoportable más grande, por fortuna, que vive fuera de nuestras geometrías, porque no sé si le has oído hablar de la mentalidad paralelogeométrica que nos asigna. Estamos condenados a las paralelas, según él. Las paralelas que forman los rombos de nuestro horizonte en las plantaciones, y que se repiten en las viviendas de los trabajadores, mantienen en todos los seres que vivimos aquí, con uso de razón, un estado de cosa inalcanzada, inalcanzable, porque las paralelas no sólo no se juntan, sino van siempre equidistantes, y esa equidistancia hace que todos nosotros vivamos separados de nosotros mismos, en dos personas iguales, semejantes, paralelas... Según Lester, del punto en que terminan las líneas de los paralelogramos cultivados en las plantaciones, el ojo humano echa a volar, visual o imaginativamente, por mecánica del ser profundo, para prolongar tales líneas, y no alcanza a juntarlas porque siguen así paralelamente iguales hasta el infinito; es decir, hay algo en nosotros, los que vivimos aquí, que no se realiza nunca; nunca en el horizonte; y cuando, desesperadamente uno se refugia en su casa después del trabajo del día, encuentra su vivienda también concebida geométricamente igual, entre líneas paralelas que sólo se borran cuando los ojos se cierran por el sueño...

—Eres una predicadora de la nueva doctrina —dijo Walker, el cual, ya rasurado, bañado y vestido de azul claro, dio la mano a Tury Duzin y recibió de ésta, además del saludo, un cigarrillo.

—Es, según él —añadió Tury Duzin—, una fórmula diabólica ideada por el Papa Verde para que la gente que trabaja con nosotros no sienta jamás que está afincada, que vive en sitio estable, porque el eje de su mecánica vital, en el trabajo y en el hogar, para estabilizarse, para sentirse seguros, quedará siempre donde las paralelas de los rombos se juntan, es decir, en ninguna parte.

—¡Todo está muy bien, mientras se pueda bailar la escoba, para cambiar de pareja!

—Ah, si en lo sexual opina... Está más loco que yo...

—Debe haberte querido convencer de que eres poco adorable, a causa de tu paralelismo...

—No, Mead es respetuoso, no te creas... Respeta mi manera de ser masculina sin barbas, sin traje de hombre, y sin las tontas actitudes del macho.

—Voy a ver si me alivio la pena, con un «pescuezo de caballo»; ¿tomas tú?...

—Es algo de madrugada para mí; no son más que las ocho de la mañana; pero, con este calor del diablo, siquiera por acercar los labios al hielo, sírveme uno.

En altos vasos, largos como pescuezos de caballos, cuyas superficies estaban cubiertas por motivos picarescos, sirvió Walker, con la mano temblorosa dos enormes tragos de whisky, luego les puso agua, hielo y unas gotas de limón.

—Toma este vaso y mira por allí, es una linda chica morena de piernas regordetas y senos altaneros.

Después de paladear la figura de una linda venus criolla, Tury Duzin empezó a paladear el whisky. Luego del primer sorbo ofreció a su amigo un cigarrillo de su pitillera, joya que llevaba, sobre fondo de oro, una figura de mujer que al abrirse la cigarrera parecía abrir las piernas.

—Debías ponerle por aquí unas briznas de cigarrillo rubio para que parezca vello...

—Fumo negros...

—Já, já... já... já... —rió Ernie Walker, golpeando, al reír, el hielo en las paredes de su vaso.

Lo apuró casi de tesón.

Después del trago que del pescuezo de caballo pasó a su pescuezo, Walker se parapetó en una sombría sonrisa que desdibujóse en sus labios al aproximarse a Tury Duzin para decirle, confidencialmente, que estaba en un verdadero apuro.

—La esposa del mandador más antiguo, ésa con quien se casó por tercera vez, una jovencita, vino a meterse el otro día aquí a mi casa y...

—Puntos suspensivos...

—Su marido se encierra a jugar desde el sábado y no asoma sino hasta el lunes, y cuando hay día de fiesta de por medio, desaparece hasta tres días.

—Preséntamela...

—Era mi idea, despistar al marido que anda hecho un Otelo, porque contigo el infeliz no sentiría celos, vería a su esposa protegida por otra mujer.

—No, querido: ya varias veces los gerentes me han puesto de parapeto. Pero es un papel que linda con la celestina; mi moral sexual es extraviada, pero en la línea recta: me repugna el papel de alcahueta; en toda alcahueta hay una prostituida que no logró realizarse, que se quedó a medio camino.

—Pero no es éste el apuro mayor; lo que me tiene inquieto es que a mí me echan la paternidad con la hija de uno de los mozos de allá abajo, y no es mía sino de Carl Rose.

—¡Ah, no; busca a otro para limpiarte de culpa, menos a ese Don Juan decadente!

—Pues se lo podríamos echar a Tom...

—Tú se lo podrías echar al que tú quieras, pero yo no tengo que meterme en tus cosas.

—A Tom Beker o a quién otro... Voy a buscar al jefe de almacenes, ese tabasqueño, por dinero se hace cargo de muchos encargos que no son suyos porque como dispone de mercadería para obsequiar, aplaca a los padres con mercaderías del comisariato. Se las paga uno a precio de oro, pero el caso es que los padres de la futura madre se contentan con disponer de arroz, azúcar, latas de conservas, ron y perfumes...

—Ese debe tener desperdigado, entonces, un ejército de muchachitos rubios...

—Cada quien se ingenia cómo ganar el dinero, y como un buen día se desaparecerá de aquí...

—Y esos niños quedarán...

—No quedarán muchos... se los come el clima... los devora la miseria de su desnutrición... los trituran las bacterias... esos invisibles dientecitos del sarampión, las paperas, escrófulas, escarlatina, anginas, tos ferina, sin contar las maravillosas lombrices...

—El infierno verde... Hombres y mujeres llegan aquí y no se sabe si es por las grandes dosis de aguardiente, por el clima, por el paralelismo, por qué, no se sabe, viven como bestias en celo; y era lo que yo iba a explicarte de la teoría sexual de Lester Mead.

—Voy a reforzarme, tú, ¿quieres otro?...

—No, por la mañana no me gusta beber; soy bebedora nocturna y, además, ese whisky no me gusta; es muy perfumado. Déjame que te explique la teoría sexual de

Mead. Es muy curiosa. Según él, la vida en horizontes paralelos, cuadriculados, produce en la libido ese afán de cambio de mujeres que les entra a los hombres aquí, y la facilidad con que las mismas mujeres cambian y se entregan, sean de la raza que sean, de todas las clases sociales y posibilidades, porque hombres y mujeres se sienten como enjaulados, y es la desesperación de la jaula lo que los induce a querer evadirse por los sentidos, en el juego sexual. Si a estas plantaciones de horizontes iguales, dos lados largos y dos lados cortos, se les fijaran barrotes imaginativamente, tendríamos la verdadera imagen de lo que somos, animales metidos en jaulas, una jaula tras otra, jaulas y jaulas hasta el mar.

—Jaulas, fieras y domadores...

—Tienes razón, porque a nosotros nos asigna Lester el papel de domadores, cuyo fuerte, para que la pobre fiera obedezca, es el contrato de trabajo que al extremo lleva los plomitos de las cláusulas de despido.

—¡Já, já, si será...! ¡Es horrible tener que darle la razón!... —Walker apuró el vaso de whisky mientras Tury Duzin encendía otro cigarrillo, luego, limpiándose la boca con una servilleta de papel, agregó—: ¿Quién de nosotros no se siente realmente como enjaulado?... Yo, tú, los amigos... Es una asfixia de jaulas en las que hay cielo, pero para verlo tras de los barrotes y barrotes que no se pueden romper, porque no están... son esas malditas líneas paralelas... ¡Es horrible! ¡Es horrible! ¡No hay tal que el trópico, que la selva, que los pantanos, que los mosquitos, que las fiebres amarillas y negras, sea lo que mata; lo que nos hace morir, lo que nos enferma es la desesperación de una vida de fieras que se pasean en su jaula! ¡Por qué el infierno, porque al infierno uno se va a quemar, como se está quemando aquí, pero tal vez no exista el castigo de lo inalcanzable, de lo irrealizable, de lo que está donde termina lo que no termina nunca!

Los ojos inyectados de Walker vagaron en ronda lenta por la salita en que estaban. El retrato de su madre, en un marco de plata repujado, lucía al fondo, sobre media docena de libros.

—Esa gente fue feliz —dijo con la voz pausada—, porque... —dejó el vaso de whisky sobre la mesa y se sacudió ligeramente, encogiéndose de hombros, mientras Tury terminaba su pensamiento.

—No hay mucho que pensar para decirlo, siguiendo la teoría de Lester Mead. No se dejaron tentar por el demonio, rechazaron el mundo de riquezas, las fabulosas ganancias, la dominación económica que se les ofrecía desde lo alto de la montaña de la esperanza. Esa gente tuvo la suficiente virtud y fortaleza para rechazarlo. Los de nuestras generaciones, oyendo la voz del Tentador, aceptamos el pacto, y caímos en la jaula...

—Las riquezas se multiplican aquí en forma fabulosa. Son cifras astronómicas. Si un niño empezara a contar lo que se ha ganado con el banano, no de peso en peso, sino de mil en mil pesos oro, llegaría a viejo sin alcanzar la última cifra.

—¡Exagerado!

—Y el poder, el poder, Tury Duzin... Para mí, el poder es lo diabólico, y la riqueza da un poderío que... bien vale París una misa.

Tury Duzin se levantó para marcharse, ya informada de lo que pasó en la velada de los Mead. Walker se caló un sombrero limeño, para acompañarla. El también salía.

—Ya que falté a la oficina —dijo al cerrar su puerta—, voy a ver lo de esa criatura que anda en busca de un padre.

—Si ya lo tiene, el bodeguero...

—No es tan fácil, el tipo se hace de rogar, tiene escrúpulos...

—Como todos los hemos tenido; pero aparece el Tentador, y quién le resiste.

XI

Papá-Chichiguo, así apodaban al jefe de las bodegas, un tabasqueño prieto, pero no prieto lustroso, sino prieto cenizo, con la piel escamosa, y una gran familia de hijos rubios, andaba en sus ocupaciones, cuando asomó Ernie Walker, con su mechón de pelo en la frente, el sombrero limeño en la mano, se detuvo en la puerta y dijo con marcado acento inglés, ya un poco borracho:

—*¡Tim Marín,*
de dos!, ¿quién fue?
Cucara, mácara,
el papá usté...

El bodeguero, a quien el «versito» no hizo mayor gracia, estaba contándole las costillas a unos de los tantos encadenados a su sistema de ventas a plazos, cuya osamenta, frente a él, se transparentaba a través de un traje de manta, pantalón y camisa, al cuello un pañuelo anudado.

—Pues ai ve vos lo que más te convenga; pagás lo que tenés atrasado o me trés las cositas.

—No está bueno que me trate ansina, porque para eso somos parientes por parte de la mija ésa que se fregó con usté; y qué fue lo que sacamos, pa mí, con decirle que pa mí sólo un azadón, todo lo demás fueron trapos que a ella se le afiguró que era bondad suya.

135

—Pues fue una gorda equivocación; en estas ventecitas que hago a plazos no caben distingos; y ya me van trayendo lo que no puedan pagar. Cuando tienen la bocota abierta con el bostezote de hambre corren a lavarle la cara al bodeguero; entonces soy una especie de santo de carne y hueso; cuando se trata de pagar, aparecen los peros... Ya el otro día me vino a gritar uno de todos, no sé como se llama, que a mí es al primero que van a colgar de un poste.

El cliente salió sin decir palabra; pero Papá-Chichiguo creyó conveniente seguir discursando frente a Walker...

—Colgarme a mí, ¿por qué no al superintendente de mercaderías? El de más abajo que soy yo, en este sistema de arrancarles lo que ganan a los trabajadores, no puede ser que pague el pato, si son ellos, son ustedes —encañonó con un dedo largo y nudoso a Walker—, son ustedes los que recurren a estos trucos para hacer más dinero. No les da vergüenza, manejar millones y ocuparse de lo que, viéndolo bien, es un robo... ¡A mí no me van a colgar! ¡Que cuelguen a su madre, desgraciados, ya la otra noche pasaron por aquí gritando que querían mi cuero... caray... qué bueno que usté esté por aquí, míster Ernie, porque también está en la lista de los que luciremos en los postes como racimos de bananos hasta que los zopes den cuenta con nosotros!

—Mí, ¿por qué?

—Por puto; tiene más mujeres que un sultán; seis son los dueños del harén que van a pasar a mejor vida; hijos de chinilaria, empezando por usted, el cholo Cifuentes, don Medardo, míster Abernethy, los cuaches, y a ese otro que le dicen Minor, que es al que más ganas le llevan.

El tabasqueño se le rió en las barbas, mejor dicho en el mechón rubio de su frente, oliéndole la boca, gozándole el sabroso aliento a whisky.

—Ju, ju, los que también están en la lista son los Rippy, y el señor Andrade, o Andrades, no sé cómo sea, y el gran don Juancho Monge... ¡Muchos que se van para la Semana Santa a la capital a cargar en las procesiones vestidos de cucuruchos, para que les perdone Dios todas sus perrerías, virguitos y casadas, y allá se los perdonarán; pero aquí, ya la cosa está que arde; y el bodeguero es un termómetro... hijos de la guayaba... todos se resisten a pagar... ya vio usted a ese que acaba de estar aquí... era de los más cumplidos... cada semana su abono... y eso de abono me huele mal, peor le huele al que abona... Ahora ya no pagan, ni a sustos ni a pujidos, que por es⁺o, que por lo otro...

Fuera de la sombra de la bodega, amparadora como un túnel de alquitrán fresco, el sol quemaba ya con su fuego blanco de mediodía. Un capataz entró con el sombrero en la mano, arrastrándolo casi, sus espuelas se oyeron largo rato en el silencio de la bodega, donde las ratas se paseaban de un lado a otro como péndulos con ojos.

—Chingado, no puede acordar con naide; están alzados hasta los indios que siempre han sido mansos.

El tabasqueño y Ernie Walker callaron, mientras el capataz seguía hablando:

—¡Pero no hacen nada, gente que se baña en guaro tiene la misma inmovilidad, la misma tristeza, la misma carne muerta que los fetos metidos en frascos de alcohol!... Jum... los borrachos no son hombres, sino unos grandes fetos metidos en alcohol, y usted mister, en whisky.

Ernie Walker se le quedó mirando con desagrado, el tabasqueño se acercó a ver qué se le ofrecía.

—Se me ofrece contarles que ya golpearon a la Sarajobalda. Jum... y no hacen nada... Ya empezaron...

El tabasqueño con ser tan grande, tan negro y tan fiero, hizo pucheros de niño al oír al capataz contar que habían atropellado a la Sarajobalda.

—Lo que soy yo cierro la bodega y me escondo, vale que esto es grande y para encontrarme tendrían que remover unos mil bultos de todo lo que hay aquí.

—Por el hospital dejé a la Sarajobalda —dijo el capataz—, pobre mujer, cómo estaba de echa posta.

La Sarajobalda, efectivamente, estaba en el hospital ajada como un trapo viejo, con la cabeza más cana, como si el gran susto que le dieron al entrársele en la casa, la hubiera encanecido.

Al principio la Sarajobalda no hizo caso a las amenazas, pero cuando estuvo en medio del zafarrancho, cuando vio sus filtros por tierra, los sapillos en vías de cristalizarse, como esmeraldas con patitas, sus ungüentos evaporados, sus oraciones dispersas, sus cartas de barajas especiales para adivinar la suerte, por el suelo, y rotas un par de botellas con enfrascados que no había enterrado...

Lo peor es que empezó a irse en sangre, porque al empujón que le dieron al pasarse a la cocina que le servía de laboratotrio, la tiraron de nalgas y cayó hasta el suelo. Uno de todos, un sin un ojo, apiadóse de ella y la llevó al hospital. Pero como iba dejando agua de achiote en el camino, a cada paso que daba, se resolvió a cargarla. Se la echó al hombro con riesgo que lo manchara de sangre y fuera a hacerse de responsabilidad. Pero, decía el choco, si se hace el favor se hace bien o no se hace, y así con la Sarajobalda al hombro llegó al hospital.

Un médico de grandes ojos aterciopelados, carotón, corto de brazos, atendió el caso. Dijo al ver a la Sarajobalda:

—Esta vieja bruja, al fin pagó los elotes... —la Sarajobalda, con la cara ya sin sangre, la muerte por semblante, sólo lo vio desde su agonía—... y qué elotes... los pagó con algún negro... estas viejas aprovechan las oportunidades para volver a las andadas... guerra es guerra debe haber dicho...

De unos armarios de cristal sacaron fierros y más fierros, unas señoritas con las manos revestidas de guantes de color de begonia rosada.

El choco que le hizo el favor de llevarla se salió disimuladamente. No era su marido para quedarse allí; pero, eso sí, no sin antes haberle visto todo a la Sarajobalda para ver cómo era.

—La desgraciada ésta —explicaba el médico— no tiene más cacha que vender aguas que trastornan al seso. Ahora te tengo yo a vos, ¿por qué no hago lo mismo? ¿Por qué no llamo al que te violó y le digo que aquí está tu pudrición con pelos para que se decepcione de una vez?

La Sarajobalda, con el corazón que le palpitaba adentro, sintió que la estaba rasurando de por allí abajo, con una maquinita de esas que usan los hombres para afeitarse.

—Y ésta tiene que ver —siguió el médico— aunque digan que no, con el cambio de que fue víctima en sus sentimientos la esposa del viejo John Pyle, y en otras marranadas...

El médico calló para entrar en acción con unas como cucharillas, mientras la Sarajobalda pujaba con los labios morados del dolor, retorciéndose, tremante de la cintura a la cabeza y de la cintura a los pies; a todo esto, una de las ayudantes le había introducido allá abajo un aparato que sentía como dentadura postiza para que el médico pudiera raspar.

Y aún hablaba el médico con vozarrón jovial cuando después del raspado, ya sin guantes, el agua saltaba de dos grifos para irle quitando de las palmas de las manos y de entre los dedos la espuma de jabón blanca, como sus dientes, que, al tomar la toalla para secarse, mostró riendo y repitiendo:

—Guerra es guerra, ¿verdad, vieja del diablo?

Hacía calor, los ventiladores zumbaban incesantemente. Por la sala de operaciones se repartía el olor acre del permanganato, con que la había lavado, antes de cubrirla con gasas de algodón.

El capataz, al salir de la bodega, se encargó de contar el ataque a Sarajobalda en todas partes. Los más alarmados eran don Andradito y Juancho Monge. A pesar de sus pistolas flamantes, de sus rifles y su buena puntería, a pesar de sus oraciones, que ahora regaban sobre los vidrios de los cuadros de los santos, que antes tenían en su casa olvidados, como si fuera su respiración, su aliento, ninguno de ellos se sentía seguro. Los mozos de las fincas en que estaban de mandadores, capitanes o caporales, les veían como siempre les habían visto; pero ellos sentían que les miraban de otra manera, no habrían sabido explicar cómo, pero algo así como tanteándoles donde sería mejor darles el golpe mortal, cuando llegara la hora de arreglar cuentas.

Las esposas contaron con ellos en casa toda hora. Era peligroso salir, andar fuera. Del trabajo a casita a leer un poco revistas y libros viejos, a ver por los hijos, a renovar las candelas que ardían ante los santos y Jesuses noche y día. Una masa silenciosa, un mar de bultos con sombrero, unas manos gigantes de tuberosos dedos oscuros con uñas de granito, unas hojas largas de metal cortando el aire que respiraban ellos, los mandadores, los capitanes, los caporales.

Se desabrochaban la camisa para respirar. Había que abrir de par en par los brazos, como puertas, para salirse de ellos mismos, de ellos amedrentados dentro de ellos. Una carrera de natación en la oscuridad de la noche perlada de rocío que no era rocío sino sudor, sudor de Cristo repartido en mil frentes de peones curvados sobre la tierra hasta el agotamiento.

Los mandadores, capitanes y caporales dormían con el oído en todas partes. Al menor ruido saltaban de las camas, desnudos como se acostaban, desnudos y cocinados al lado de su mujer desnuda, de sus hijos desnudos, y salían a buscar en la tiniebla verdinegra de la superficie profunda de la tierra, si no se movía algún bulto, alguna sombra. A veces disparaban en la noche a quemarropa a su propio miedo. Un perro que aullara, una mala ralea de aire que se colara y somatara una puerta, el aspaviento de las aves dormidas en los gallineros.

—¡Llegaron ametralladoras!... ¡Muchá —ésta fue la gran noticia—, llegaron ametralladoras... y soldados... allá están acampados detrás de la estación!...

Los mandadores, capitanes y caporales salieron muy de mañana a convencerse. Grupos de trabajadores también andaban por allí. Aquéllos, después del trabajo, ya no se quedaron en casa ese día. Se olvidaron de leer, de los hijos... ¡Qué aburrido!... Y también se olvidaron de rezar. Las ametralladoras eran la mejor oración contra las pinches amenazas que les habían hecho los padres, hermanos, parientes, o simples conocidos de las muchachas ultrajadas.

El tabasqueño, igual que si arrastrara cadenas, arrastraba noche a noche su cama de hierro por la bodega, para dormir cada noche en distinto sitio.

—Esas ametralladoras —decía el bodeguero—, yo las vi en mi tierra... Ahora vienen a protegerlos a ellos; pero los soldados son gente del pueblo, son indios como los mozos y no hay que ser confiado... Esas ametralladoras van a venir un día, já... se acordarán de mí, de Papá-Chichiguo, para barrer con nosotros.

Se llevaron un cordón de presos y entre éstos a Bastiancito Cojubul y a Juancho Lucero, toda gente arrecha, de esa que no se arredra ante ningún peligro, de esa que le dice a la muerte vení acá.

En las caras de las mujeres que llegaron a la estación pegadas a su hombre, entre los soldados, se despenicó en llanto cuando en un carro de ganado, algo amontonados los metieron a todos. Bastiancito sacó los ojos y vio insípidamente, mientras Lucero sacaba la mano callosa y tostada, para decir adiós a los suyos.

Al día siguiente, Lester Mead bajo su sombrero de ala ancha, la pipa en los labios, la valija en la mano, emprendió viaje a la capital.

El tren llegó retrasadísimo. Largas dos horas y cuarenta minutos estuvo esperando sentado en una banca de la estación, frente al mismo paisaje, al lado de Leland. No hablaban. Leland se sentía tan a gusto al lado de él en silencio. Los perros callejeros como moscas, tristes esqueletos en cuatro patas. Uno que otro parroquiano, de esos que no saben a qué oficina dirigirse, les preguntaban si sabían la hora de llegada del tren. Les respondían informándoles. El mismo paisaje de luz y calor. El mismo silencio. Las mismas moscas. Entre las arboladas que parecían bajos nubarrones de humo verde, palmeras y cocales, andando como pata apareció la locomotora. Pitazos, campanadas. Despedida.

Lester Mead visitó a su abogado, ex funcionario judicial cuya conducta exigía desenterrar calificativos tan enterrados como integérrimo, insobornable, inmaculado, incorruptible, y por todos estos «in», con un «Inri» de dos pisos sobre su cabeza.

El abogado, vestido con un traje que ya se iba de los codos, camisa varias veces hospitalizada, corbata de mariposa mil veces disecada, apenas detenida del botón del cuello, y zapatos más grandes que sus pies, explicó a su cliente que tan pronto como recibió su telegrama estuvo en la Auditoría de Guerra para averiguar lo existente en autos y que no había nada.

—¡Nada y los tienen presos!

—Déjeme usted terminar, señor Mead. Lo único que hay es papel escrito, mucho papel escrito; pero nada que justifique el encarcelamiento de los reos.

—Mis hombres están presos, es lo único que sé; quiere decir, señor abogado, que sí hay algo.

—Naturalmente; pero para mí, se trata de un procedimiento a todas luces ilegal, inconstitucional desde luego; atentatorio, cuyo fin es evitar que estos hechos se repitan. —El abogado sacó un cigarrillo de uña, hecho en casa, lo encendió y tras el primer chupete agregó con la típica voz del pobre vergonzante, hasta allí lo había llevado su honradez—. Soy de parecer que, si los tribunales obran apartados de un todo de la norma legal, seguir el camino de la legalidad es aumentar y aumentar el volumen de hojas de papel de oficio escritas, sin conseguir la libertad de los detenidos.

—Usted dirá, señor abogado.

—Debemos buscar el recoveco, el re... co... ve... co...

Lester Mead averiguó en seguida quién era el abogado de la «Tropical Platanera, S. A.» y lo buscó antes de medio día.

La oficina del abogado de la compañía respiraba el confort del transatlántico que vuelve tan cómodos los movimientos de los jefes y empleados en las oficinas yanquis. El abogado, vestido con un impecable traje cortado en Nueva York, hizo pasar a Mead, al sólo verlo entrar, no obstante que tenía varios clientes esperando en la antesala.

—Primero la clientela extranjera —le dijo, inclinando la cabeza, al cerrar la puerta de su despacho.

Mead ocupó un sillón de cuero y al sentarse el abogado, tras su escritorio, le dijo:

—Soy vecino de tierras de dos finqueros que ayer se trajeron presos, y como vecino ando viendo qué puedo hacer por ellos. Supongo que en este asunto es usted el acusador.

—Le agradezco la visita, pero debo informarle que nosotros no acusamos a nadie. Lo más que hacemos, cuando las cosas andan mal, es sugerir a la prensa la publicación de informaciones destinadas al público que, para nosotros, es en estos casos el mejor juez. Ya habrá visto usted cuánto papel se ha llenado con noticias, comentarios, gráficas de la que no podemos llamar una sublevación, sino un pequeño disturbio que el gobierno, celoso del orden y en vista de las noticias alarmantes de la prensa, determinó cortar por lo sano enviando tropas al lugar de los hechos y deteniendo a los cabecillas.

Mead se levantó, estrechó la mano del abogado de la compañía, que en la corbata de seda inglesa llevaba un alfiler de brillantes, y salió a buscar uno de los periódicos de más circulación para hacer, aunque fuera pagando, la aclaración de los hechos.

En el periódico, entre altas bobinas de papel que estaban bajando de un camión, al caer la bobina por tierra retemblaba todo, luego la rodaban poco a poco mediante palancas entre copia de curiosos, logró acercarse a las salas de redacción, oficinas de vidrio y madera en las que se oía como una lluvia dormida el ruido de las linotipias.

Le atendió un periodista que tenía la cara picada de viruelas, los ojos inteligentes, los labios gruesos y la dentadura incompleta. Mead le expuso su propósito. El periodista tomó algunas notas para la consiguiente aclaración de los hechos; pero de pronto, se interrumpió y dijo que ese asunto era mejor tratarlo con el Director.

Dicho lo cual desapareció para volver, casi al segundo, indicando a Mead que lo acompañara al despacho del Director. Los ojos verdes del norteamericano encontraron, al entrar, los ojos de un hombre de gran estatura, abultado de vientre, corto de cuello, el pelo entrecano y cayéndosele y la piel color café de parásita carnívora.

Una máquina de escribir tecleaba a lo lejos, más cerca del fondo sonámbulo que ponía la lluvia interminable de las linotipias. El Director, después de saludar a Mead, sentóse a firmar una carta con una pluma de oro, luego tocó el botón de un timbre eléctrico con la yema de su dedo presa entre el marfil del botoncito y el marfil de su uña primorosamente pulida por la manicura. En seguida volvióse para atender al visitante a quien, con suavidad franciscana, pidió que le explicara el caso.

Después de oír a Mead por espacio de cinco minutos, sin cambiar su tono de voz suave y convincente, le contestó que una de las normas de su periódico era no rectificar las noticias publicadas, salvo en los casos en que la ley lo determinaba así y máxime tratándose de informaciones sobre hechos que estaban a la vista de todos.

—Podría entonces hacerse en campo pagado —argumentó Mead, echando mano a la cartera que llevaba en la bolsa de pecho.

—No se trata de eso. El dinero en este caso es lo de menos.

—Mi dinero, dirá usted...

—Mejor que mejor que usted se haga cargo de la situación. En campo pagado sería ir contra los intereses de uno de nuestros mejores anunciantes, «La Tropical Platanera, S. A.». Sin embargo, lo aconsejable es que usted visite otros periódicos, habrá alguno que se haga cargo de publicar su aclaración.

Pero no hubo. Con menos zalamerías, los directores de los demás diarios le dijeron lo mismo.

Esa noche, en el Club Americano, Lester Mead encontró jugando billar al Director del primer periódico que visitó, pontífice de las carambolas de tres bandas y hombre de una gran generosidad.

—¿Consiguió usted lo que buscaba? —preguntó afablemente a Lester Mead.

—No, señor, no encontré dónde publicar la verdad de lo ocurrido con los hombres que se trajeron presos; pero lo más grave es que estuve en la Auditoría de Guerra, donde se siguen los procesos, y los periódicos de ustedes forman parte de la acusación. Lo publicado por los diarios, según me dijo el abogado de la compañía, es lo que la Tropical Platanera les informó. La compañía, que es parte interesada en el asunto, suministró los datos y esos datos pasados por las linotipias y las prensas, se han transformado en la prueba de hechos que son enteramente falsos.

—Voy a tomar un coñac... —dijo el periodista, todavía con el taco en la mano vibrando como el arco de un violín—. Vea, barman, prepáreme un coñac y aparte un vasito con gingiray e hielo. ¿Qué le puedo ofrecer?

—Una menta...

—¿Cómo la quiere, mister Mead?

—Con hielo picado.

—¡Ah, sí, hugonote! —precisó el barman.

—Usted encontrará que hacemos mal en lo que hacemos —acotó el Director del periódico—; cuando se es idealista...

—Soy un hombre práctico —cortó Lester—, y no encuentro que usted ni sus colegas hagan mal en lo que hacen. Lo que me parece que no está bien es que su diario, y puedo generalizar, los diarios del país, estampen que son órganos de la opinión pública, cuando lo leal y franco sería llamarse lo que son: órganos de los intereses de la «Tropical Platanera, S. A.».

144

—¡Ecole, école!... Sólo que entonces se perdería el cliente, porque a los ojos del público, siendo así, perderíamos eficacia.

—Y el mal está en eso: usar la libertad para acabar con la libertad; es lo que... quién más... quién menos —Lester Mead sorbía su menta con hielo, verde como sus ojos— hace siempre en estos países. ¡Tienen la libertad y cuando la usan es para acabar con la libertad!

—Aconsejaría usted entonces una reglamentación...

—No sé qué decirle; soy anglosajón y para mí la libertad de prensa es de tal naturaleza, que son preferibles esas falsificaciones de la opinión pública que hacen ustedes en periódicos que no son libres, pero que se creen y se llaman libres, al menor intento de censura o reglamentación.

El periodista entrecerró los ojos en las bolsitas de sus párpados, para dar el último sorbo de coñac. Al levantar el brazo se le abrió la americana y en el cinto, por delante, le vio Lester una enlutada escuadra.

Bastiancito Cojubul y Juan Lucero estaban procesados por rebelión, desacato a las autoridades, vagancia, lo que el auditor de guerra definía con una sola palabra: peligrosidad. Les habían cortado el pelo a ras y vestido con el clásico pantalón y camisola de cebra.

—No poseemos —le dijo el auditor a Mead— los laboratorios que hay en los Estados Juntos (así llamaban a los Estados Unidos), para medir el índice de peligrosidad de estos sujetos. En los Estados Juntos, la ciencia penal ha progresado mucho, y no es esto del código y el código y no salir del código.

Un empleado vestido de azul violáceo se detuvo a la puerta y, al ver a su jefe con visita, iba a volverse, pero el auditor le atajó:

—Vea, don Casimiro, si en su mesa tiene usted el proceso de los del zafarrancho de la costa. Son estas cosas, amigo —dirigiéndose a Lester—, que en los Estados Juntos no pasan. Da no sé qué remordimiento tener a la pobre gente quebrando piedra, pero si no se les castiga como lo ha pedido la prensa, todos saltarían las trancas; que les potranquee el corazón adentro, si es que les duele ser pobres, pero que no se subleven, porque para eso está la ley.

—El proceso se compone de dieciséis piezas —explicó el secretario, el mismo don Casimiro, que hace un momento iba a entrar, y que ahora avanzaba con un quintal de papel de oficio hacia el escritorio del auditor.

—¿Es usted abogado de los Estados?

—No, señor... —contestó Lester Mead.

—Entonces tal vez uno de los jefes de la «Tropical Platanera»...

—Tampoco...

—Pero en parte acusadora, sin duda.

—No, señor, he venido, y ya vine antes, porque dos de los que aquí dice reos, Cojubul y Lucero, son mis socios.

El auditor de guerra no dudó ni un momento que aquel extranjero y socio de aquellos peligrosos sujetos era, simple y llanamente, un anarquista de esos que arrojan bombas de dinamita contra los reyes, escupen en el copón y...

Cortó sus pensamientos. Se colocó bien sus grandes nalgas de hombre que se había pasado la vida sentado, hasta quedar a plomo, para encararse con el supuesto anarquista.

En todo abogado duerme un policía, pero en éste dormía un regimiento de policías.

—Quisiera ver sus documentos, antes de mostrarle las actuaciones.

Los encontró en regla.

—Bueno —fue diciendo después de hojear el pasaporte y otros documentos, como libreta de servicio militar, boletos—, bueno, esta clase de delitos no son excarcelables, bajo fianza; pero tratándose de propietarios de parcelas sembradas, la cosa cambia, podemos buscarle remedio. Presénteme un escritito en ese sentido. Aquí el señor secretario se lo puede hacer.

—El tamal bien envuelto en hojas verdes... —murmuró don Casimiro en son de broma, pero la alusión era directa.

—No faltarán las hojas verdes... —contestó Mead, que la agarró al vuelo, y agregó en tono de guasa—, siempre que se le eche bastante fuego al tamal para que se cueza en seguida.

—¿Cuándo se quiere ir usted?

146

—Por mí, mañana; pero puedo esperar que todo esté listo.

—Un par de días, ¿le parece?; pero hay que buscar las hojas de plátano que le dan tan buen sabor a los tamales.

—Así veo; estos tamales de la compañía son tan ricos...

—Tamales dulces, ¿no le parece?

Lester sacó de su cartera un fajo de billetes verdes como hojas para el tamal, hojas verdes, hojas de bananal y por ser Bastiancito Cojubul y Juan Lucero propietarios de parcelas cultivadas y en producción, y necesitarse su presencia para salvar las cosechas, y unos cuantos considerandos más, Lester Mead volvió acompañado de sus socios.

Se fueron en el tren nocturno, empotrados los tres en los asientos de un vagón de segunda clase, y llegaron, después de una noche de ferrocarril, a la mañana siguiente. Cendales de nube de un fino color azul verdoso, malva, rosado, amarillo pálido colgaban sobre lo celestino de la costa a esa hora grande del amanecer, cuando el calor apenas mortifica, pero ya se hace presente.

La hedentina a muerto los obligó a remover las existencias pesadas de la bodega, después de muchos días de comentarse la desaparición del tabasqueño Papá-Chichiguo. Se fugó. Mexicano al fin. Se fugó con los fondos de la bodega. Por eso estuvo cobrando y cobrando en los últimos días. Ya no se le aguantaba con su cantaleta. Le entró un hambre de ternero destetado por lo que le adeudaban. Al que no pagara diez, que pagara ocho, y si no, que con dos pesos se conformaba. Una especie de desplume final para reducir las deudas, era mucho el dinero regado, y hacerse de fondos. Ese era el pretexto. Lo cierto es que se armó y desapareció. Y todos los hijos que tenía, un enjambre de cabecitas rubias, por aquí, por allá, por todas partes salían como pollitos piando. El superintendente de ventas, un gringo con una pierna de corcho, se hizo cargo de las llaves y empezó la revisión de los libros e inventario de mercaderías.

Pero sólo pudo entrar un momento, porque salió de la bodega que pedazos se hacía la pata de corcho sonando en las tablas con ruido de matraca, y al estar fuera, aún deteníase el estómago, estuvo a punto de vomitar, un fuerte y pestilente olor a muerto le rellenó las narices chatas. Mandó buscar mozos para que registraran y, en uno de los rincones, sobre la cama de fierro desvencijada, bajo una pila de sacos de café y cajas de leche en polvo, yacía el tabasqueño con el pecho pegado a la espalda. En su temor de que lo mataran los trabajadores, noche a noche arrastraba la cama de un punto a otro, hacía ruido de cadenas, escondiéndose de la misma oscuridad, y en una de tantas, lo pilló la oscuridad de la muerte, le cayó encima la tiniebla final, lo aplastó en el lecho. Mujeres de todas edades asistieron al entierro, sus postizas barraganas, a quienes ni siquiera conocía bien, ya que ganaba mucho dinero de los hijos cuya paternidad aceptaba. Una olla de barro viejo, con una capa de ceniza en la superficie y más abajo una capa de carbón, para simular un brasero, escondía su tesoro. De una en una pasaron las mujeres, con sus hijos rubios, recibiendo del gringo, pata de corcho, lo que proporcionalmente les tocó del tesoro del Papá-Chichiguo.

XII

—¡Qué cosa, a mí poco o nada me conmueve el drama personal, me angustia el drama colectivo! Porque dicen que comienzan a morirse los animales por falta de agua, me siento más sedienta, pero al mismo tiempo incapaz de beber más de un vaso de agua. ¡Ese remordimiento de tener lo más, cuando a otros les falta!...

—Realmente hay naturalezas que se conmueven con el drama colectivo... acaso sea porque ya uno ha vivido su drama personal pequeño y sabe que todo drama personal es reducido, circunscrito; mientras el otro, el grande, el que no nace de la conveniencia golpeada, del amor propio herido, sino de la realidad directa, ciega y amplia de la gran mayoría. —Iban en el sulky, Leland con una cinta verde que le apretaba el pelo como diadema, dejando que el aire jugueteara con sus guedejas sedosas, de oro verde, y él un poco apagado por el trajín del día, sin rasurarse, masticando tabaco.

—Los indios no vivieron en estos climas tórridos y por eso pudieron inventar dioses buenos, generosos, humanos, tan parecidos a las divinidades de las islas griegas. En esta humedad caliente todo parece arder, no hay posibilidad de divinidades benévolas. Un gran incendio opaco y sin llamas...

—Yo también, Leland, siento a veces la nostalgia de esos dioses buenos, y quisiera salir de este infierno tropical.

149

—Saldremos, Lester, y qué lejos nos parecerá entonces el salobre gusto del sudor que nos quema la cara como si lloráramos por todos los poros. Sí, sin sentir, lloramos, sudamos...

Los puentes tendidos sobre pequeños ríos entre cañadas florecientes les devolvían a la realidad de las ruedas del carruaje que se perdía como un bólido entre los bananales, siembras geométricas que pronto dejaron atrás para seguir adelante entre bosques rumorosos de insectos y del sonido de relojería del aire caliente, ahogador.

Mucho anduvieron. Tal vez Leland no sintió el camino. Por un desfiladero de arena y bambú viejo se precipitó el sulky, para luego tomar un vallecito, hasta una extensión en que brillaba al centro una laguneta bañada por la luna. Algo, por fin, se dijo Leland, que recuerda que existe el frío, el polo, la humedad, una noche de invierno junto a la chimenea, una calle alfombrada de nieve con patinadores y pájaros que pían y dan saltitos.

El sulky bordeó la plancha cristalina, oscura plata profunda, hasta un rancho sin más que el techo y los cuatro horcones. Allí se detuvieron. Lester usó una pequeña lámpara eléctrica, para alumbrar el ruido que bajo el haz del foco convirtióse en un reptil de color negro manchado de pringas rojas.

Leland apretó con sus dos manos a su marido, colocándosele atrás, para sentirse protegida.

—Una bicha... —dijo Lester, levantó a su esposa del suelo; Leland se sacudía como atacada por una fiebre mortal, y la puso en el asiento del sulky.

—Toma las riendas —le dijo, después que la hubo sentado y dado golpes de cariño para que le pasara el susto—, toma las riendas, yo guiaré el caballo, vamos a ir por aquí a que veas lo que te quiero enseñar.

Entre la luna y el reflejo de la luna sudando en el agua, vio Leland una sombra que se multiplicó muchas veces en la misma forma. Eran sombras de caballos. Al sentir el ruido del sulky, uno de los animales se sacudió y relinchó. Todo el aire parecía sacudirse con el relincho agudo y prolongado.

—Al oler caballo, yegua mañosa relinchó.

—Se oyen muchas...

—¿Cuántas crees que son por todas?

—Serán unas cien...

—Cincuenta y siete, y las cincuenta y siete están cargadas —el sulky llegó cerca, entre las yeguas, y se detuvo. Mead, aproximándose a una de ellas, le golpeó con la mano abierta el vientre grávido, sonoro como un cofre fuerte, y agregó, riendo a la luz de la luna—; ellos tienen sus cajas de seguridad en los bancos para sus riquezas, yo en el vientre de estas muchachas galanas, y las compramos como desechos, sobra decirte que en el precio no tomaron en cuenta que estaban preñadas.

La noche de los caballos, así llamaba Leland, sin hacer diferencia de caballo y yegua. Pasaron después por unas largas y embejucadas trochas de camino abierto entre malezas.

—Estas tierras —explicó Lester— son de los Fueté, los que estuvieron vendiendo la fruta más barata que nosotros cuando empecé con el camión; y ahora las venden y pienso comprarlas, sólo espero que la soga les apriete más el cuello. Los que como ellos heredaron lo que tienen, no esperan mucho para deshacerse de sus cosas con tal de seguir parrandeando, derrochando. Todo esto estaba sembrado de café y lo botaron como si hubiera sido huatal, para sembrar banano.

—¡Tontos!

—No tanto, no te creas, porque el banano en ese tiempo alcanzó precios que no volverá a tener. Lo malo es que creyeron que no se acabarían las vacas gordas y cuando el banano se vino abajo, se quedaron sin nada, porque todo se lo gastaron en viajes, en sedas, en lugar de guardar o invertir en otros cultivos. Ahora dicen que por almuerzo, comida y cena sólo toman caldo de jutes..., ¡itsh, caballo!... —guió al caballo retinto que tiraba del carruaje—. Pero eso sí, prontos estuvieron a salir a vender banano más barato que nosotros en un camión que les regaló la compañía. El rico, cuando se queda pobre, es fácil hacerlo cómplice de cualquier iniquidad.

En la masa vegetal del cielo verde, color de hoja de geranio hacia la parte que daba al mar, las estrellas, con la luz amortiguada por el esplendor de la luna, brillaban como puntitos borrosos. El estruendo del oleaje se empezaba a percibir rotundo. Casi se veían las grandes olas redondas, como ruedas de carruajes espumosos, salir de la superficie y romperse en las rocas.

Y siguieron los días...

A Leland se le cerraban los ojos aquel domingo. Le daba tal cansancio y sueño ver el agua del inmenso río que fluía con un reposo de sábana que cubre a una enorme parturienta después del doloroso alumbramiento, superficie de talco barroso en la que el anzuelo de su marido desaparecía como una interrogación, mientras él con la pipa en la boca, esperaba pacientemente, convertido en estatua, a que picara uno de los pescados favoritos: boca colorada, sambucos, juilines... Piedras amontonadas entre las que solloza el agua, montículos de hierbajos a medio volverse río, ramos de flores con reflejos de esmalte en el cristal, garzas rosadas, otras de azúcar blanca, patos, lagartos de hipnótico mirar de vidrio, aves zancudas que pescaban al vuelo, otras con los picos en forma de cucharones, y el calor inmóvil sudando él mismo su intenso calor sobre la tierra.

Los perros de Carl Rose, tres sabuesos cachorrones, anunciaron su llegada. Leland volvió el rostro para ver al amigo que se acercaba paso a paso, sin saber bien cómo andar entre las piedras y las breñas después de haber dejado su automóvil, un coupé, último modelo, en el camino, o como se llamara aquel despeñadero.

Peregrina idea la de los esposos Mead, cada vez más imposibles con sus excentricidades. Pasar el domingo pescando en lugar de organizarse un póker o una tenida musical. Pero además no estaba el tiempo para andar a solas por los breñales. Los mozos mostraban los dientes en esa risa helada con que se acostumbraron a recibirlo todo, hasta los golpes; pero que ahora era una disimulada gana de dar el mordisco para quitar el pedazo.

—¡Jarana, venir hasta aquí! Leland, una mujer juiciosa, dejando que su marido se exponga y la exponga a ella a las represalias de los trabajadores... —se acercó a Lester y le gritó en la oreja— ¿oyes?, ¿oyes?, ¿no tienes miedo?...

Mead, sin moverse, replicó como un autómata:

—¡No, porque tengo mis barcos de guerra que patrullan los mares!

—¡Loco! —exclamó Carl Rose, dándole un sopapo en la espalda—..., ¡mis barcos de guerra que patrullan los mares!

Los perros, creyendo que Rose al golpear les señalaba una presa, se le echaron encima a Mead, bravuconamente juguetones y jadeantes, con la boca abierta, la lengua de fuera y los ojos felices de estar libres, porque la mayor parte del tiempo la pasaban en su casucha encadenados.

—¡Corro más riesgo con los cochinos perros norte-americanos de esta compañía que con los trabajadores!

Y diciendo así, por molestar a Carl Rose se echó al suelo a jugar con los sabuesos, mientras Leland tomaba el anzuelo y adoptaba la rígida postura y seriedad de su marido. Es más, éste dejó caer la pipa en el juguetear con los perros, y ella recogió y se la puso caricaturescamente en la boca.

—¡Bravo!... ¡Bravo, la pescadora ideal! —gritó Rose aplaudiendo a Leland. Después dijo—: ¿Y no le da miedo a usted, Martina Pescadora, que se la lleve el río?

—¡No me da miedo —contestó Leland imitando la voz de su marido— porque mis diplomáticos me guardan las espaldas!

—¡Unos vulgares guardaespaldas! —alcanzó a decir Lester Mead, saliendo de entre los perros, con quienes jugaba, apelotonado, con el cabello en desorden.

—A mí me parece que todo esto va a parar mal. Pienso pedir mis vacaciones y no regresar más.

Mead, ya en pie, después de agotarse sin cansar a los canes, se sacudía, se ordenaba el cabello, y...

—¡Ah, no —le gritó Leland, sin dejarse arrebatar la caña de pescar—, ya bastante hemos pescado esta mañana!

Carl Rose ayudó a que no agarrara el anzuelo y volvieron, uno tras otro, acompañados por los perros.

El automóvil, con el escape abierto, rugió por la enmarañada selva tropical llena de pájaros y flores, resuelta a no dejarse dominar por el hombre.

¿Por qué se aventuró a buscarnos hasta la orilla del río, Carl Rose, si las cosas andan tan mal?, se preguntaba Mead; y no tardó en saberlo.

De entre el motor rugiente salió la voz del amigo que conducía el automóvil.

—El llamado a intervenir en el conflicto de los que particularmente están produciendo banano eres tú, ya que capitaneas al grupo de los Cojubul-Lucero-Ayuc-Gaitán... —calló, no se sabe si por dar un timonazo o por herir con su pujidito de burla a Lester.

—Pues, para que lo sepas, la firma Cojubul-Lucero-Mead-Ayuc-Gaitán, no está vendiendo esta vez un solo racimo, y eso que ha comprado las tierras a los Fueté. Otros son nuestros planes. Ahora que la «Tropicaltanera» debe cumplir sus compromisos, debe cumplirlos y en eso no me puedo meter yo.

—¡Que reviva el cadáver o lo entierren! —dijo Leland, más apasionada que su marido.

—Están rechazando mucha fruta, y eso no puede ser; los que cuando la compañía necesita ven que no se les rechaza nada, están decididos a todo ahora que se les rechaza sistemáticamente, sin apelación, sin recurso alguno... ¡Id, malditos de mi padre, dice el empleado con el poder de un Dios, a los racimos condenados al rechazo! ¡No puede ser! ¡Llora sangre!...

Los agricultores de tierras sembradas con banano, reunidos en el pueblo, adoptaron el siguiente grito de guerra: ¡«La Tropicaltanera» bajará la cabeza!

Las redes de teléfonos y telégrafo enlazaban las oficinas próximas y distantes. Los cables submarinos llevaban las noticias, pero su vibración no dejaba traza en el metal que era librado por herméticos empaques del ataque del agua marina, corrosiva, y no de lo corrosivo de las falsas informaciones.

«La Tropicaltanera» bajará la cabeza, grito de guerra comercial, lícito en cualquier mercado. Pero los mensajes telefónicos, telegráficos y cablegráficos hacían variar las rutas de las naves de patrulla y despertaban el celo de los cancerberos diplomáticos.

Carl Rose detuvo su automóvil a prudente distancia. La atmósfera, casi irrespirable, era una sopa de capas de calor. Los oradores terminaban sus peroratas áfonos de la sed, bañados en sudor, como si en lugar de hablar hubieran boxeado. ¡«La Tropicaltanera» bajará la cabeza!

Los oradores se desgañitaban. Cada vez era más la fruta rechazada. La rechazaban por gusto: que el banano está delgado, que está roto, que está viejo, que está golpeado, y no explicaban por qué hace un año, casi por estas fechas, sucedió lo mismo. Casual que iba a ser igual la fruta hoy hace un año. Grandes grupos de dueños de banano repetían: «La Tropicaltanera» bajará la cabeza.

Carl Rose se desvió con el auto hacia una venta de cerveza fría. La empinaron a boca de botella, entre moscas que zumbaban y parroquianos con las camisas desabrochadas, algunos con sólo el calzoncillo y la camisa de fuera, colgándoles las faldas o con las faldas anudadas por delante. Uno de éstos chocó su vaso espumante con el de otro compañero.

—Bueno, viejo, que sea un motivo... —y después de apurar medio vaso sin limpiarse la espuma de la boca...— lo malo es que no se puede decir que «La Tropicaltanera», sea lo peor, hay que acordarse de lo mucho bueno que hace, sin que nadie se lo esté exigiendo.

—Sí, viejito, pero acordate que lo hace porque le conviene taparle el ojo al macho. No es por bondad. Es por cálculo. No ves que apenas hace una mierdita así, publican las grandes páginas en los diarios y ya no acaban de alabancearse.

—Algo es algo. No hay que ser exigente.

—Bueno estás vos. Quiere decir que por que yo te hago un favor puedo no cumplirte en lo que hemos convenido al hacer un trato. Pero se les está acabando la pared a los gringos y cuando ya no tengan de dónde agarrarse, pocas van a ser las guarisamas que andan por allí cuando se suelten como lenguas a hablar lo mero cierto.

Leland ya no se tenía en pie. Era mucho el calor. Las casas, no obstante estar techadas con abacá, ardían adentro y afuera en toda el área del pueblo. Resolvieron volver a casa, mientras los oradores seguían gritando a lo lejos: «La Tropicaltanera» bajará la cabeza. Pero aquel domingo, desde el fatal augurio de que ni un solo pescado hubiera probado bocado en su anzuelo, le pareció poco propicio a Lester Mead. No sólo no pescó nada, sino se les apareció Carl Rose, en quien empezaban a temer a un espión oficioso.

Al ver que en casa estaban los Lucero, Bastiancito y los tres Ayuc Gaitán, Mead se adelantó a Leland y a Rose que hablaban de marcas de automóviles, y dijo a sus socios en voz baja, suficiente, sin embargo, para que le oyeran:

—Digan que vinieron a felicitarme por mi cumpleaños.

Carl Rose también participó de la cordialidad campechana con que todos expresaban a Mead sus parabienes. Se sirvieron cervezas frías unos y otros whisky con soda y hielo. Al irse Carl Rose, los amigos cambiaron la cara de fiestas. Un mensaje de la Chindent, que les estaba comprando toda la fruta, preveníales de abstenerse de cortar, porque el ferrocarril se negaba a proporcionar el transporte.

—Eso lo arreglo yo —dijo Mead, entre el sofoco del calor y el disgusto que le amargó la boca, para completarle el domingo, como si una copa de bilis le hubiera regado entre los dientes aquel mensaje amargo.

A primera hora, Mead gastaba el asiento de la estación en que había que esperar al superintendente de trenes. La pipa en la boca, el sombrero encasquetado, con el calor se humedecían los casquillos de los sombreros, se iban aflojando y caían hasta las orejas dobladas.

—No vengo a que si se puede o no; es un servicio extraordinario que voy a pagar sonante y constante, sin descuento alguno, y hasta puedo pagar el doble, porque quiero sacar madera de balsa; pero necesito que me firme usted una seguridad de que no harán falta los carros de carga cuando yo los precise.

—Sería un precio... Bueno, subiría mucho el precio...

—No estoy preguntando cuál sería el precio: usted lo dice y yo lo pago.

—Siempre tendré que consultar...

Moviendo la cabeza Mead le señaló el aparato telefónico que el jefe de trenes tenía al lado y le dijo un poco conminativamente:

—Consulte, que aquí esperaré.

—Le advierto que no siempre hay gente en la central, allá todavía es muy temprano.

—Esperaré, de todas maneras.

Mead salió a la plataforma de la estación. Una mujer pasó vendiendo café con leche. Lo llevaba en una tinaja y Mead le pidió un vaso. Era más agua que leche. Pero estaba sabroso. Otros le compraron a la mujer sólo café y pan de maíz.

—Para peor está —dijo la mujer a una señora que se detuvo a conversarle—; de veras, pues; siempre es así; más vale... No, no los han soltado, presos los tienen en la capital... así son las cosas, pero ahora ya no se consigue ni qué comer. Lo que dicen es que van a venir más soldados y se van a llevar más presos. Sea por Dios, los hombres todos tan pleitistas que se han puesto de algún tiempo a esta parte, como si los hubiera picado algún animal malo.

El jefe de transportes le comunicó a Mead que estaba arreglado su asunto y Mead le pagó en el acto con un cheque. Pero, lo malo, el jefe de trenes no consultó por cuánto tiempo podía contar Mead con el transporte para su madera de balsa; y mientras hacía la consulta por teléfono, rucu, rucu, rucu, rucu sonaba el aparato cuando el jefe de trenes daba vuelta al manubrio, rucu, rucu, rucu. Mead volvió a su escaño en la plataforma de la estación.

Un zambo con la camisa amarilla rayada de azul se le sentó cerca. Más que el bulto, él sintió un fuerte olor que se le estrellaba encima imponiendo su presencia con sus glándulas sudoríparas.

—A estas alturas, mister, mejor sacar bulto: aquí venir degollina, todas hamacas moverse anoche, riqui, riqui, riqui, toda la noche y gente hablar y hablar; no alcanza moneda; hijos con hambre; mujeres con hambre, gente con hambre no bueno...

—Pero vienen soldados, ametralladoras, bayonetas... —dijo Mead para tirarle la lengua al zambo, que le mostraba ojos amigos.

—Sí, vienen...

No dijo más. Un sí de evidencia suprema ante la debilidad de los hombres que por falta de armas tenían que aceptar que se les impusieran condiciones de trabajo poco equitativas, por no decir injustas.

—Puede ser por un año el contrato... —gritó el jefe de la estación a Mead, por una ventana, desde su oficina—, siempre que haya material rodante disponible...

—Es una condición que no acepto —se acercó a decir Mead—, salvo que se establezca una cláusula...

—Señor Mead —le interrumpió el jefe de trenes con la voz amigable y confidencial—, el ferrocarril no acepta contratos con cláusulas que lo obliguen. Si no rigen para el ferrocarril las leyes del país, menos van a valer contratos. Firmemos así y eche usted allí su fruta... cuando le descubran el truco, dirán que no hay material rodante y entonces ya se verá.

Y siguieron los días.

Juan Sóstenes Ayuc Gaitán dejó el camión en uno de los mesones de por el teatro Colón... Allí tenía que buscarlo el gringo Mead. Se amarró los pantalones, pues cuando iba manejando en el camión los llevaba desabrochados y salió a dar una vuelta, para estirar las piernas. No muy lejos, un tanto de cuadra, encontró una iglesia. Por lo visto, había rezo con fiesta. Entró y al ver mucha gente hincada, él también dobló las rodillas en el suelo helado. Se acordaba de santiguarse y del «Padre Nuestro»; pero hacía tanto tiempo que no rezaba, que le llamó la atención aquello de «Padre Nuestro»...

Tenía un significado que antes él, cuando estaba vivo su tata, no le dio importancia. Ahora que ya no tenía a nadie, qué sabroso decir, de vez en cuando, unas palabras que empezaban con aquel «Padre Nuestro».

—Padre Nuestro, que estás en los cielos...

No hay babosada, pensó. Está allá arriba. Tata que está en los cielos debe ser tata de todos los que, muerto el padre de uno, quieren hacerse a la pura garnacha, a la pura quién vive, tatas de uno. Y como a éste que está en el cielo lo podemos tratar de vos, no hay el usted que se les debe a los tatas de la tierra. Era sabroso para un hombre decir: «Padre Nuestro, que estás en los cielos»...

Una gran música ronca lo ensordeció. Todo su cuerpo estaba ya, no en medio de la iglesita, en medio de la gente arrodillada, sino en medio de la música, del ruido grande, del retumbo hondo suavizado por momentos, por momentos más fuerte. Aquella música era como los aguaceros de la costa. Empezaba de repente pegando duro, luego escampaba un poco y se quedaba como dormida cayendo largo rato, hasta arreciar y arreciar, igual que si fueran no aguajes sino cuerazos. Ya iba por el atrio y «entuavía la oiba». ¿Con qué tocarán eso? Con un marimbón de flautas.

En los días pasados, la sociedad adquirió las tierras de los Fueté, y con las tierras el camión amarillo que ahora andaba manejando Juan Sóstenes, el cual al bajar del atrio a la calle vio desde lejos frente a la puerta de mesón, parado detrás de un camión amarillo, el camión rojo de mister Mead.

Por lo visto, ya había llegado. Apuró el paso. Mead trajo con él a los demás socios y allí durmieron todos esa noche.

Bastiancito Cojubul protestó, porque no era tanta la necesidad para tener que pasar la noche estando en la capital, tendidos en el catre de un mesón. Pero Lester Mead en eso de los gastos era inflexible.

—Lo mismo da un catre que una cama, cuando se está en guerra. El que de nosotros se olvide que está en la línea de fuego contra el Papa Verde, es un mal soldado. El indio duerme en el suelo, no gasta lo que gana en los comisariatos, y es el único que regresa rico de aquel infierno bananero. ¡Nosotros regresaremos también! ¡Regresaremos con nuestros carros de ferrocarril cargados de nuestra fruta, cantando!...

—Ese día —dijo Macario Ayuc Gaitán, el Peludo— no sería malo poner a unos cuantos de los que ustedes saben en los rieles para que el tren les pase encima.

Al día siguiente se fueron a la aduana. Los dos camiones y todos ellos.

—Socorrito Cruz... —llamó el empleado de la aduana que atendía a la puerta de uno de los almacenes.

—Yo —dijo una voz femenina detrás de Lester y sus hombres, y pasó entre ellos una mujer regordeta, no muy alta.

—Yo, Socorrito Cruz, y *er* Niño de Goya...

Detrás de ella asomó un español con la cara desabrida bajo un sombrero cordobés.

El empleado de la aduana preguntó:

—¿Son ustedes los del molino de harina de banano?

—¿*Er quééé*...? —preguntó el niño de Goya.

—¡Mal año parta al que se le ha ocurrido importar esa vulgaridad! —dijo Socorrito—. ¡Nosotros venimos, pa que usté sepa, por el vestuario de mí y de éste!

159

—¡Yo no sabía ni que existiese ese artefacto!

—¡Pa mí sólo existe la Virgen del Pilá!

—Y esa muele estrellas... Cuando ella quiere echa a moler sus ojos y cae la luz convertida en oro...

—¡Eso allá en España! ¡Aquí en América, muelen hasta lo que no se debe molé; porque apártame tú el trigo, Niño de Goya, y ná es molible; lo molino son nobles cuando es trigo el que muelen, cuando hay la molinera de las zarzuelas; y lo demá es martajadera!

—¿Cuántos bultos son? —preguntó el de la aduana a los españoles.

—En sólo treinta y sei bulto —contestó el Niño de Goya— vienen nuestras honestidades...

Por otra puerta atendieron a los del molino de hacer harina de banano. Lester y sus hombres fueron arrastrando los pesadísimos bultos, las grandes jabas con la maquinaria, y lo que pesaba más, las piedras del molino. Todo lo fueron colocando a pulso crujiente y con ayuda de palancas y rodillos, en los dos camiones.

Socorrito Cruz se levantó la enagua para componerse la atadera. Lester Mead le vio la carne color de cuerda de guitarra y ya no tuvo paz, sólo que a su deseo se unía cierto enojo por lo que había dicho del molino. Molerla a ella en venganza, sería poco. Pretextó una llamada telefónica que tenía que hacer a Nueva York, una vez que hubo oído que se despachaban los equipajes de los cómicos al Hotel París y vio marcharse uno tras otro, en convoy, los dos camiones cargados con el molino de hacer harina de banano.

Socorrito Cruz vivía, sólo ella, en una habitación que daba al interior y a la calle, el cuarto vecino lo ocupaba el Niño de Goya. No lejos de ellos tomó Mead otra de las habitaciones desocupadas.

El primer día estuvo observando los movimientos de la pareja de bailarines. Socorrito Cruz se dio cuenta de las ojeadas del rubio y grandullón caballero, que más tarde la saludó con la cabeza. Pues sí que tiene gracia, se dijo ella, los hombres en España no saludan al toro ni a las mujeres, sino cuando se deciden, a la capa, primero, por banderilla después, y luego a muerte.

Y fue a muerte que Mead se le entró en el cuarto. Ella sintió los pasotes. El Niño de Goya apenas hacía ruido al andar. Volvió la cabeza Socorrito lentamente, para dar la impresión de que estaba segura de sí misma y de que era una señora que no se dejaba sorprender abusivamente por un desconocido. Pero que tampoco alteraba la voz para ponerlo fuera, pues eso sería hacer escándalo y que por el escándalo se le juzgara como a una mujer ligera.

—¿Se equivocó usted de puerta?

—No...

Mead la aplastó con aquel no rotundo, y con sus pasos amenazantes hacia ella.

—¿Qué quiere usted? —dijo Socorrito bastante asustada, haciéndose hacia un biombo de sedas viejas.

—¡Lo que tengo enfrente es lo que quiero!

—Lo que tiene enfrente, puede quererlo usted, no le digo que no sea apetecible; pero tiene dueño, dueñito tiene.

Mead la había tomado de los brazos y ella, como una muñeca de encajes, al sentir las grandes manos calientes del hombre aquel, se dejó hacer. La desarmaba su sorpresa de mujer cortejada por muchos ante los procedimientos machacantes de aquel grandulón que hacía cosas de colegial. A Mead, todos los dedos hundidos en los brazos de Socorrito, le golpeaba la sangre. El deseo de la mujer, pero también la gana de molerla.

—No... —dijo ella, tratando de repelerlo; pero su negativa fue como acicate para el grandulón, alma de molino, hijo de mala perra.

—Sí... —contestó Mead, hundiendo diez «síes» en forma de uñas con sus dedos en la carne morena que ya le pertenecía por derecho de macho, de ser el más fuerte, el dueño de lo que dominaba.

—Ya que usted se ha entrado aquí creyendo que yo era eso que buscaba —trató de desarmarlo Socorrito— voy a hacerlo, pero si tiene dinero bastante para pagar lo que yo valgo.

—Lo que usted quiera... —apresuróse Mead a contestar con la boca llena de saliva, tembloroso, los ojos verdes firmemente puestos en los carbones negros de Socorrito Cruz.

—Mil dólares... —dijo ella con nerviosa carcajada.

Mead bajó sus ojos verdes para verla, no como una lejana Dulcinea del Toboso, sino como a una pobre cosa

161

suya. Le soltó los brazos, extrajo la chaqueta y firmó el cheque. Socorrito tomó el papel con la mano que sentía dormida, rígida. Mead había escrito dos mil dólares.

—Es una equivocación —dijo ella tratando de tragar saliva, puestos sus ojos negros en los ojos de Mead—, usted ha escrito dos mil dólares.

Lester le agradeció que se hubiera fijado, rompió el cheque y tras escribir y firmar otro cheque, se lo entregó. Había puesto cinco mil dólares. Más hubiera pagado por triturarla, por convertirla en harina de otro costal, por pasarla como la pulpa comagüe de los bananos por sus dientes de molino, por sus músculos, por sus ganas de hombre, por sus dedos, por sus rodillas, por sus ijares, bajo su vientre, bajo su pecho, bajo su peso, bajo todo lo que era él sobre ella, nada, nadie, un hombre que pagó cinco mil dólares.

Y no fue. A pasos largos abandonó la habitación. Su ánimo de venganza pudo más que su enloquecido deseo por aquella mujer. Humillación por humillación, despreciarla en el momento en que se le entregaba por dinero, valía lo que ella le hizo en la Aduana, cuando canturreó, mientras él buscaba con ojos ávidos los bultos de su molino: «¡Mal año parta al que se le ocurrió importar esa vulgaridad!»...

—¡Ea!... —salió ella sin zapatos, ya se había descalzado, corriendo tras él—, que aquí tiene usted su dinero... —y como no pudo darle alcance, le gritó—: Pues haré pedazos este papel, que a mí nadie me ha tomado el pelo...

—El Niño de Goya vino corriendo y quiso evitar que Socorrito rompiera el cheque, pero no pudo, ya lo había hecho pedazos.

—Si *er* tío ese cree que esto es dinero, para mí es confeti...

XIII

A doña Roselia de Lucero se le hacían líquidos los ojos de tanto llorar; lloraba noche y día desde que Adelaido con todo y que estaba impedido por el reumatismo, violentamente adquirió sus movimientos y se enderezó ante su hijo, Lino Lucero, para echarlo de la casa, después de un altercado en que sólo porque ella intervino y se hincó varias veces, el padre iracundo no le dio de filo con el machete al descargarle los planazos con que lo alcanzaba.

Doña Roselia clamaba con la Santísima Trinidad, con San Caralampio, con San Judas Tadeo en medio de la polvareda que levantaban padre e hijo y sólo cuando Lino se perdió pálido y tembloroso entre los cercos y los bananales, ella pudo soltar el llanto que se tragaba para no enfurecer más al esposo tronchado ya sobre su silla, amargo, sudando por todos los poros.

Acató doña Roselia a darle unos tragos de agua y se acurrucó junto a él. «Semírames» se sentía como una casa extraña sin los hijos, pues de paso que todo se juntó, al Juancho se lo llevaron preso por andar alzado, aunque esto no le pesaba al viejo. Si fuera por ladrón nos enterrábamos. Pero por reclamar justicia, ahí que se esté preso, vale que es hombre. Y es lo que pasa. Callaron los abuelos. Ellos, tatas, callaron. Pero la tercera generación es la encargada de hablar por todos, por los vivos y por los enterrados.

La Sarajobalda, a quien doña Roselia fue a ver con gran apuro, se quedó más quieta que la tierra en que estaban paradas, cuando la comadre de entrada le contó que... No se atrevía a decirlo... que... estrujaba el pañuelo empapado en sudor y llanto... que... se pasaba el pañuelo por la frente y por los ojos... que...

La Sarajobalda sabía y la ayudó:

—Que... trata con una mujer del mar...

—¡Ay, mijo en lo que paró! Y tan buena mujer que tiene, tan sufrida la negra, y como no hay hombre que no loquee, yo siempre le pedía a Dios que no fuera a abandonar dealtiro a la madre de sus hijos, pues pobres los muchachitos. Nadie ha visto a esa mujer pescado.

—Nadie, comadre...

—Y él la verá así como es; acuerde que de chiquito era sonámbulo. Después de Dios, usté le quitó aquellas levantadas dormido, con los ojos abiertos, pero dormido... Tanto miedo que nos daba... Aunque tal vez fue malo lo que hicimos, dejarle agua bajo la cama y que al meter los pies en lo frío despertara. Para mí que se curó del sonambulismo pero, ese mijo, Sarajobalda, ha seguido dormido.

—¿Y de Juancho, qué hay?

—Se fue mister Mead a la capital a ver si lo sacaba, porque también cargaron con Bastiancito. Todo se está poniendo muy feo, Sarajobalda, y ser de viejo cuando le agarran a uno estas cosas. Pero lo que a mí me espina es lo de Lino. El que estén presos aquéllos, tiene remedio. Pero lo de Lino. Si usted pudiera consultar el caso con el Chamá.

—Rito Perraj anda que no se le ve por ninguna parte; pero a mí lo de Lino, de paso que es mi ahijado...

—Sí, pues, su ahijado, usté nos hizo el favor...

—Lo de Lino es algo así como herejía...

—¿Y eso qué es, comadre?

—¿Herejía?

Calló la Sarajobalda, sin poder explicar.

—Bueno, sentémonos, comadre; no importa lo que sea...

—Sí, comadre, sentémonos, estoy tan preocupada que ya le estaba recibiendo la visita de pie.

—Me atormentan tantas cosas; y eso que dice usted, pues enantes a los herejes los quemaban.

—Lo bueno es que si es de eso, con una friega de aceite bendito tal vez se cura. ¡Que le pase, Dios mío, esa su fea frecuentación!

—Dialtiro, comadre, el pobrecito está en los huesos.

—Siempre voy a ver si encuentro al Rito Perraj. Yo estuve consultando los siete granos de arroz cascarudo, los somaté contra las nueve piedras y dormí con los siete en la nariz, hasta que me amanecieron esponjados, y los estornudé antes de cantar el gallo sobre fuego prendido con piñas de pinar azul.

—¿Pinar azul, comadre?

—Sí, es ese pinar que crece en las cumbres más altas y que más parece culebra que se arrastra. Tenía todavía unos carboncitos.

—Pero el Rito Perraj.

—Sí, el Rito Perraj podrá dar buen consejo. Es sabio porque tiene los cuatro lados del cuerpo hacia las cuatro partes del cielo; los ojos potentes para sacar bocado a lo invisible; la boca con los dientes limpios de palabras, como la ropa blanca del tinglado; los dedos largos como cañafístola, y las uñas color de cacho quemado.

Lino Lucero se quedó oyendo todo el ruiderío del monte. Los tragueros hondos de las barrancas en que el agua rumia, al pasar, arena pesada de sombras, sombras que no son impalpables sino duras y cortantes en cada uno de los minúsculos granitos de color negro. Por fin, tras mucho oír y ver, sin mirar nada en la oscuridad se quedó con el hueco de la mano pegado a la boca salobre y dulce, al tacto, como una pequeña herida abierta en la carne verde de un tronco de bananal de agua.

Ya que no valieron amenazas, la ahogaría con todo y sus gemidos de animal de carne de banano, de musgo y sombra empapada en sudor y agua.

Ella le clavó los dientes con todas sus fuerzas, hasta donde pudo apretar las mandíbulas de perra con las carnes golpeadas; pero, tras apretar los afilados colmillos de perra de agua, al sentir el caliente líquido de la sangre de Lino Lucero en sus encías de carne azulenca, aflojó el mordisco poco a poco y se quedó tendida en el suelo, ahí donde se juntaban el bananal y el mar.

Lino Lucero no perdió tiempo. Sus narices estaban a punto de dejarlo sin respiración, ya ni la boca le alcanzaba, bañado en sudor, con el cuerpo que le saltaba todo por todas partes. No perdió tiempo y se dobló sobre ella, rodillas en tierra, con la congoja del que va a matar. Ya sus manos subían bajo unas como ropas de algas, por una sola pierna, no tenía dos piernas. Y todo él hinchado de repente, con la congoja del que va a romper su piel para salirse, del que no alcanza a llegar a donde va a dejar lo que lleva más suyo, eso que cuesta que lo abandone, que no lo abandona, y que al fin lo abandona para expandirse y encadenar.

Ella saltó, desapareció.

—¡Lino! ¡Vos, condenado!... —le despertó con la punta del pie Macario Ayuc Gaitán, eran sobre las cuatro de la mañana...—, ve donde te viniste a quedar dormido... de tu casa te andaba buscando tu mujer... bolo estabas vos... abrazado a un tronco de bananal... peor si creíste que era mujer... porque a mí ya me ha pasado...

Lino Lucero, en la nebulosidad caliente del amanecer, se acurrucó enroscado como gusano junto a Macario Ayuc Gaitán, el Peludo; sólo éste podía comprenderlo. Y le explicó.

—Pues a mí ya me ha pasado, no te digo, pues; sólo que yo con mis cinco sentidos y mis ponderaciones; me entró un calor muy feo en el ánimo y me salí a andar; para este lado me vine; una media luna y calor; calor del suelo, calor del aire, calor de todo lo que da calor; no pasó un rato o pasó mucho tiempo, iba como divagando, cuando de uno de los bananales vi salir dos brazos verdes, carnosos, frescos, con las manos de esas mujeres finadas que se mueren doncellas y uno ve después en sueños con uno... De rabia que fuera a ser diablo me le fui encima con el machete y le di de machetazos.

—¡Qué bruto! —dijo Lino y se encogió todo como si en su carne recibiera los tajantes golpes.

—Sí, Lino; qué bruto; el tronco se partió y se me vino para encima; pero no era una planta, sino una mujer con sólo una pierna, oí que por las orejas me pasaron las hojas hablando, una fresca y jugosa mancha de verde tallo y luna me bañó la cara... Sólo yo sé, herma-

no, aquel gozo hermoso... Me revolqué con la hembra...
Lástima, lástima que ahora después he salido y no la volví a topar...

Callaron. El mar caliente, salado, lujurioso, y el calorón que apretaba antes de salir el sol.

—Y ver que uno... Sólo porque a vos calculé que te había pasado idénticamente, a vos, es que te referí lo mío. Allí junto a vos está el tronco de bananal con que te habías abrazado.

—No sé, Macario, ni sabré jamás ¿qué me trajo aquí?, ¿a qué hora salí de mi casa?..., lo que sí puedo afirmar es que la mujer que me aseguré anoche, no es de las del bananal, sino del mar; la vi perderse, de un salto, en el espumaraje de la costa, allá, ve, por donde está ese claroscuro... Tuve miedo de seguirla...

—¡Gracias a Dios, vos hombre! Si no te encuentran ya puro ahogado, o de una vez pasás a ser tiburón, lagarto o pescado. ¿Has pensado, vos Lino, en lo que dice Rito Perraj?...

Lino tiritaba, acalenturado.

—Si aquí afuera en la tierra —siguió explicando Macario el Peludo— hay todo lo que vemos, allí bajo el agua, allí no más, a unos cien metros de nosotros, hay monstruos con cabeza de gente y ojos de gavilán, están pegados a las rocas como árboles cristalizados; pero mueven entre sus ramas una baba de sueño que es como su cuerpo... hay cangrejos tan voraces que cuando cae una res viva al mar, la devoran en segundos, ni un hueso, ni un solo pelo, ni un pedacito del casco dejan, lo devoran todo, y millares de pescaditos color de oro se encargan en pocos minutos de limpiar las manchas de sangre... y hay estrellas marinas que andan y hablan...

—¡No me fregués, con el temblor de miedo que tengo y vos contándome esas perradas!

—Ahora lo que te conviene, para que te pase la impresión, debés de estar como si te hubiera lambido el cuerpo un ternero, es ponerte una moneda de plata en la frente, al mediodía, cuando haya más sol; el frescor del metal da en el corazón y quita el cansancio que deja la hembra.

—¡Lino Lucero, no puede llevarme a su casa, porque en su casa no comen lo que yo como!

—¿Y qué es lo que vos comés, vamos a ver?

—Pelo de pescado del fondo del mar...

Lino se le fue encima ansioso de besarla, pero ella esquivó la boca y sólo le mostró la dentadura blanca, resplandeciente bajo la noche estrellada y calurosa. Sus ojos de cabra marina, su frente medio hundida, sus crenchas, negras, lacias, sudorosas de agua salada y de sudor de mujer quemante.

—Lino Lucero, no puede llevarme a su casa, porque en su casa no duermen como yo duermo.

—¿Y cómo dormís?

—En profundas sábanas de agua y en colchón de espumas.

Le alcanzó la boca con su boca. Se oyó casi un quejido, cuando bajo el peso de sus labios ella torció la nuca para apoyar la cabeza en tierra de bananal, húmeda, esponjosa, y arena con rescoldo de sol en su frío granudo y un poco metálico.

—Lino Lucero, no puede llevarme a su casa, porque en su casa no beben lo que yo bebo... agüita del fondo del mar.

Como el cuerpo de una mujer enjabonada, ella escabullóse del abrazo de Lino y echó a correr, en forma de remolino de agua ponía la cola, ligera como la brisa, mientras él la perseguía, sin alcanzarla. Por fin la atrapó. Ella se dejó atrapar. La atrapó, la estrujó contra su pecho, la juntó a su carne, la besó apretadamente. Ella reía sofocada, ingenua, con los ojos brillantes de calor.

El Peludo no descuidaba a Lino y se internó a buscarlo, mientras algunos compañeros que habían ido a la pesquería ayudaban a los conocedores a echar las atarrayas, no en el mar, sino en la desembocadura del inmenso río, en las partes en que el agua se precipitaba por estrechos cañones de lodo movible, arenales, árboles casi; batracios, peñascales y mundo en desintegración.

Lino Lucero, llevado por Macario Ayuc Gaitán, se juntó al grupo de los de la pesquería, a las voces de los que gritaban desde las riberas:

—¡Yo quiero un mi buen peche!...

—¡Yo un guapete!...

—¡Con una boca colorada me conformo!...

El Peludo le alcanzó la guitarra a Lino.

—La guitarra —le dijo a la oreja— tiene la forma de aquélla, sólo que con la cola para arriba.

Y Lino Lucero, antes de tocar, estuvo trasteándola, acariciándola, pasándole las yemas de los dedos por el temblar de las cuerdas, que a él también lo hacían temblar.

> *¡Paloma de barro triste*
> *que en la sombra se quebró!...*
> *¿dónde, Paloma, te fuiste*
> *después, que no te vi yo?...*
>
> *Un aguacero de llanto*
> *de los sauces se agarró;*
> *te he llorado tanto, tanto,*
> *que sauce me volví yo...*

Los pescadores, fuera del agua, esperaban a la luz de las fogatas encendidas para ahuyentar a los tigrillos que se oía andar en la hojarasca, cuando el retumbo del mar se alejaba un poco; y los principales de la pesquería, le echaban a los naipes y al ron a boca de botella.

Lino Lucero se apartó de nuevo después de cantar, igual que sonámbulo en la modorra del calor de media noche, acolchados los ojos bajo un sueño hondo, color de barro limón su cuerpo ensalivado de sudor de gota gruesa.

Su mano la tiró del pelo y la trajo nuevamente hacia donde él estaba echado en la playa, viendo la reventazón del oleaje embravecido, bramante. Era un tronco de bananal y carne de mujer y se embrocó sobre ella para besarla interminablemente, ya sin palabras, ya sin oídos, ya sin ojos, ya sólo sexo y alma.

Nada se oía, el mar se oía, pero, fuera del mar, nada más que el jadeo de él hecho una bestia y ella echa un ser humano, de aguas vivas, joyosas de luceros, profunda como el silencio que acompañaba el desembocar del río.

—¡Qué fregás, vos! —protestaba Lino Lucero.

—¡No, viejo, no te dejo, te poder hogar! —le decía el Peludo Ayac Gaitán, regresándolo de nuevo a donde titilaban las fogatas del campamento—. Un trago te cae bien, tal vez te pasa eso...

—Venga...

Y Lino se empinó la botella, hasta que Macario se la quitó; casi media botella de ron se pasó por el garguero, sin respirar.

Ya iba siendo tiempo de sacar las atarrayas y entonces se armó la discusión. Había quienes querían que se echara barbasco, para que el veneno de esa planta matara más pescado, y regresar con buena carga.

Lino Lucero estaba como enloquecido. Jamás hombre alguno se puso así al oír que iban a echar barbasco al agua. Estaba más que enloquecido. Alguien, asombrado, le gritó:

—¡Y diái, vos, parece que en el agua estuviera alguno de tu familia!

Lucero dio un salto blandiendo el machete que llevaba al cinto, otro lo desarmó con un golpe en la mano; se tiraron varios a recoger el machete.

—¡No, así no se puede —exclamó alguien—, este baboso se toma cuatro tragos y ya quiere rodajear a uno!... ¡Fregar, fregar de veras; si no saben beber, pa qué beben!..., ¡beber es cosa de hombres..., no debías beber nunca, vos Lino!...

Pero Lino estaba como loco al que ha pasado el ataque fuerte, hecho un trapo. Al quitarle el machete, se humilló, se arrodilló, les pidió por todo lo que más quisieran que no fueran a arrojar el barbasco al agua.

Macario, viendo todo aquel relajo, aclaró las cosas.

—Es que este amigo, muchá, yo sé lo que les digo y por qué se los digo, está enamorado de una mujer-pescado...

Todos callaron, con un callar sombrío de preguntas y respuestas, que ellos mismos en su cabeza se hacían. Al que iba a decapitar Lino, se le acercó a darle un abrazo.

—¡Perdoname, vos, Lucero, pero yo no sabía que estabas tan jalado y con esas creencias!

—Bueno, no se eche el barbasco. ¿Quién quiere jugarse la videma? Llámense a la flota...

Lino no quería jugar, pero jugó y empezó a ganar, a ganar, a ganar. No había carta que él no pidiera para hacer juego que no le llegara en el acto. Era cantándola y cayéndole.

Uno de los compañeros se le pegó y le dijo:

—Mejor me sobo con vos, porque tal vez la mujer almeja trae suerte y algo que se me pegotee a mí.

—¡Vos que dijiste, también a mí que se me pegue algo!

—Dale la guitarra —sugirió otro—, mejor que cante, si no nos desplumá. ¡Suertudo que estás, Lino, la suerte de la baraja te la mostró la pescada!

Los pescados que salían en las atarrayas parecían borrachos al irse asfixiando en lo seco. Sus ojos redondos, vidriosos. Caldeaba la luz del amanecer azul de oro entre el infinito verde del mar y la sombra verde de los bananales.

Lino cantaba con la voz aguardentosa:

> *¡Pescadita de los mares,*
> *ven a ver cómo me encuentro*
> *por culpa de tus pesares;*
> *pero peor estoy por dentro!*

> *¡Adiós digo a Guatemala,*
> *porque me voy a casar*
> *en el Puerto de Amapala*
> *con la Sirena del mar!*

Macario, el Peludo, tan pronto como Lester Mead volvió de la capital con Bastiancito y Juancho, los presos, le visitó con gran misterio para contarle con escamas y señales los amores de Lino y la mujer del mar. Doña Roselia estuvo más tarde donde los Mead, no sólo para agradecer el favor de haber sacado a Juancho, sino a que se impusieran de lo que ocurría con Lino, que sea por Dios, Señor...

Lester paseaba sus pupilonas de carne verde por las córneas blanquísimas sin dar opinión, sin actuar, lo que en él era muy extraño. Ni opinaba ni procedía. Siquiera llamarle la atención, aconsejarlo; hacer algo para que Lino volviera de sus andanzas. Pero nada. Lo de Lino lo dejó en un mundo muerto.

—¡Cómo quieren que hable, muchá... óóóó..., callado se quedó —decían— si él es hijo de una mujer del mar y por esta costa salió riéndose!

—¡De veras, pues, los ojos verdes son de sirena, y la carne blanca como de pescado!

—¡Puro hijo de pescado es, y por eso no habla!

Leland le dijo que ella había conversado con la mujer de Lino. Lloraba a mares, pero estaba conforme.

—Menos mal que se conforma... —contestó Lester.

—Por supuesto que ella no cree mucho lo de la rival pescado...

—Para ella, como si le hubiera sido infiel con una bailarina española... —exclamó Mead, como soltando el extremo de algo que ya no podía callar más.

—En todo caso, tú eres el llamado a hablarle como hombre, no puede seguir así... Hablarle, decirle que cambie de modo de ser... es estúpido...

Mead no contestó. Socorrito Cruz se llamaba su sirena de carne de cuerda de guitarra, cuyos dedos olorosos a madera de sándalo le impedían hablar.

—Habla tú —propuso a su esposa, después de una larga pausa—; intervén en favor de Lino, di que lo dejen, que lo dejen estar, le tiene que pasar esa mala racha. El viejo Lucero parece que lo echó de la casa y le quiso dar de filo con el machete... ¡Tonto!... Casi todos los padres, cuando reprenden a sus hijos, se muestran como unos verdaderos cafres; pero esto no lo entendemos sino los que no tenemos hijos.

Días después, de sobremesa, volvió el tema a una pregunta de Leland, sobre si existían realmente las sirenas.

—Conste que no me extrañaría —intervino la señora O'Briend, sofocada por el calor que se agregaba a la comida, como una especia muy picante, para hacerla sudar.

—¡Toda mujer que no es la propia, es una linda sirena! —declaró el señor O'Briend, esforzándose por acabar de una vez con el sudor que le bañaba abundantemente la cara, dándose con el pañuelo golpes de esponja en los cachetes, en la nariz, en la barba, en la frente, tras las orejas hasta la nuca.

—¡Esa..., ésa!... —adujo Lester.

—¡Esa pesadería! —agregó la señora O'Briend.

—Pero, volviendo al tema —siguió Leland—, ¿creen o no creen ustedes en las sirenas?...

—De joven, cuando hacía mi Universidad, tuve que aprender algo sobre las sirenas. Lo sé de memoria.

—¡Que lo diga! —exclamó Mead.

—No, por Dios —se precipitó la señora O'Briend—, que yo ya casi también lo sé de memoria; me lo recita cada vez que estamos solos esperando un tren, un tranvía, cuando se rasura, cuando se cansa de leer.

—Pero nosotros no lo sabemos y queremos oírlo: es egoísta usted, señora...

—Yo había oído hablar de las sirenas...

—¡Empezó la lección! Voy a dar unos pasos mientras mi señor marido... —exclamó la señora O'Brien, levantándose de la mesa con una tacita de café, y desapareció hacia la sombra caliente, caliente y oscura, como si también fuera de café.

—Yo había oído hablar de las sirenas, pero no creía que existieran. El calor de aquella noche tropical en pleno mar de las Antillas era muy fuerte. Nada turbó mi primer sueño. La embarcación flotaba con viento favorable y mar amigo, mecida y remecida como la cuna de un niño. La seguían de lejos las estrellas, tantas que más parecía una brisa de oro el cielo constelado. Sobre lo que era una sombra honda, como un pez de brillantes que se quiebra, apareció y desapareció una luz que dejó en el ambiente la visión de un destello. Salté. ¿Era una sirena?... Pues salté dormido, porque hasta mucho después vine a darme cuenta de que estaba en peligro de caer al mar. No vi más. ¿Era una sirena? Tengo mis razones para creer que sí. Desde aquella noche siento el cuerpo envuelto en una luz opalina, fría y caliente, sensación de mentol frotado en todo el cuerpo, y me parece que estoy más simpático y me siento, cómo pudiera decirlo..., más navegable... No se burlen de mí los que no saben lo que me pasa. Tampoco quiero que me compadezcan. Oigan y froten mis miembros con sus manos ordinarias para ver si acaba así en mí el encanto y empieza en ellos a repartirse un poquito de la luz de esa sirena. Pero, me pregunto y os pregunto, ¿creéis que de veras la vi? Aunque no recuerdo su cara, su cuerpo, ni el color de sus ojos, puedo decir que sí. De muchos sueños despertamos sobresaltados por un conocimiento que no podemos explicar en qué forma realizamos acerca de una persona cuyo físico, como el de un fantasma, nos es completamente desconocido. Y luego, el perfume de aquella noche, el aire tibio, el mar valsando, la sombra de hamacas tejidas con pestañas... todo contribuye a que en mí sea sexual y sólo sexual el recuerdo de aquella fugitiva luz submarina que en un minuto, sobre mi cuerpo, al borde del abismo, la inmensidad consumió.

Leland hizo el gesto de aplaudir, pero intervino Lester Mead para decirle:

—No interrumpas, no ha terminado. Siga usted, es tan interesante, y qué buena memoria.

—Las hormigas se comen a las sirenas extraviadas en el trópico, en los verdes senderos costeños cubiertos de maleza y bananal, relatan los viajeros, y a veces una sirena de éstas, arrastrada por las olas del mar, se lleva millones de hormigas que después de picar el cadáver de la sirena vuelven luminosas hacia la costa trazando estelas en las aguas revueltas...

Cansado de andar por los durmientes, uno tras otro, uno tras otro, donde la vía férrea daba grandes vueltas de cola de sirena, Lino Lucero sentábase cuando podía echarle al converse con algún cuzuco, o simplemente a cabecear. Por allí se tiraba despernando, como quebrado de la cintura, con el sombrero caído hacia atrás y mientras rascaba el suelo como si fuera parte de él y le comiera, se lo oía hablar. Le gustaría trabajar como cuzuco, pero de noche. Estaba fregado trabajar bajo el sol. Los cuzucos, algunos negros pelaban los ojos y los dientes blancos, para reír de las ocurrencias del sonámbulo. El sol no era malo para el trabajo. Picaba, pero era rico trabajar así, a la luz del sol. El polvaral del tren balastrero hacía estornudar a Lino. No eran mocos, sino hollín, lo que le saltaba de las narices. De tanto oler humo negro, caca de tren en el aire, sin trabajar de cuzuco, estaba como ellos. Esos hombres que por dentro llevan tierra y humo de locomotora, aceite y nubes de arena que les dan una voz escamosa, gastada, de hombres viejos.

Era un montón de carnes lustrosas, de sudor y sol, de músculos que se les jugaban al menor movimiento, igual que si bajo la piel les nadara un maniquí de anatomía. Algunos fumaban puros o cigarrillos, otros embrocábanse botellas de aguardiente a grandes tragos. Lino Lucero, entre ellos, entre el montón de cuzucos en cuyas manos los grandes martillos eran juguete, los durmientes, palotes, y los rieles jaleas de guayaba.

Todos rodeaban al sonámbulo y le pedían que cantara el *Quien, quien*. Tras arañar la guitarra, Lucero les hacía seña con la cabeza y todos empezaban: quien-quien, quien-quien, quien-quien, quien-quien, quien-quien...

Lino les indicaba que bajaran la voz, sin dejar de repetir: quien-quien, quien-quien, quien-quien...

> *¿Quién canta, quién come, quién*
> *canta pegado a la burra*
> *de fuego...? ¡El cuzuco!...*

La voz del coro: quien-quien, quien-quien...

> *Dos rieles, dos rieles, dos*
> *rieles tiene mi guitarra...*

El coro: quien-quien, quien-quien, quien-quien...

> *¿Quién canta, quién come, quién*
> *duerme pegado a la línea*
> *del fuego...? ¡El cuzuco!...*

El coro: quien-quien, quien-quien, quien-quien...

> *Seis días, seis días, seis*
> *días tiene la semana...*

Quien-quien, quien-quien, quien-quien...

> *¿Quién sabe, quién sabe, quién*
> *sabe, cuzuco, quién sabe*
> *si estás vivo o muerto...?*

Quien-quien, quien-quien, quien-quien...

> *Un año, dos años, diez*
> *años y acabó la vida...*

Quién-quién, quién-quién, quién-quién...

Esta relación cantada se hacía interminable y algunas veces procaz. Otros intervenían alegremente:

> *¿Quién chupa, quién chupa, quién*
> *caga pegado a la línea*
> *del tren...? ¡El cuzuco!...*

> *¿Quién paga, quién paga, quién*
> *mierda nos pega a la línea*
> *del tren...? ¡El gringo!...*

Y así hasta la caída del sol, fumando, bebiendo y en el quién-quién, quién-quién, quién-quién... El calor inmóvil de la entrada de la noche los adormecía. Las chicharras, las ranas y la modorra del sueño parecían seguir el quién-quién. Lino se arrancaba silencioso, desmandado, en busca, decía, de la divina mujer encantadora que era de carne verde como el verde vegetal del mar que al salir a tierra se transforma en bananal. Pero ya no la encontraba más. Se le hamaqueaban las piernas de tan borracho. El Peludo Gaitán lo cuidaba. Siempre le decía lo mismo: ¡Tenés tus hijos, tenés tu mujer, tenés tus cosas y no tenés lo que debías tener!... Lino sólo movía la cabeza de un lado a otro con los ojos fijos y el labio inferior caído.

Otras veces Lino anochecía borracho entre los chapiadores, cantándoles:

> *¡Usebia, cuando me muera*
> *comiendo banano,*
> *no me entierres en poblado*
> *comiendo banano,*
> *entiérrame en un potrero*
> *comiendo banano,*
> *donde me trille el ganado*
> *lo que haya dejado...*
> *la punta, la punta,*
> *la punta del banano!...* .

Me pondrás por cabecera
un guineo colorado,
con un letrero que diga:

Aquí enterré a un desgraciado
con todo y banano,
con todo y banano,
con todo y banano...

—¡Sea por Dios, vos, hombre! —le reclamaba Juancho Lucero, su hermano—. ¡Vos no das esperanzas de nada! Sería mejor que te murieras. Nos estás matando a todos. Mi nana ya no ve de tanto que llora. Si fueras a consultar a tu madrina, la Sarajobalda, quizás que te curara. Cada día estás peor. ¡Sirena de guaro es la que vos tenés! ¡Sirena guarera con forma de botella!

Lo difícil de consultar a Rito Perraj, el Chamá, referencia que le llegó de su madrina, era adivinar a quién se le hacía la consulta, si a Rito Soy Perraj, Rito Fui Perraj o Rito Seré Perraj. Para entrarle bien había que decirle, sin titubear y menos equivocarse: Rito Soy Perraj, si era Rito Soy, el padre, Rito Fui Perraj, si era el abuelo y Rito Seré Perraj, si era el nieto.

Y no pensaba consultarlo nunca; pero los nuncas se llegan. Lo acorraló el paludismo. Un paludismo de serpiente que lo mantenía helado, congeladas las manos, el pelo como de muerto, los dientes con sabor a hiel de toro, tieso de las articulaciones. Si no es la enfermedad no arrienda. Huesos y ojos en la cara casi pecosa de un paño tiñoso de vivir a la intemperie, de dormir en la humedad del bananal que para él era el calor del cuerpo de la mujer de sus amores confusos. A veces mostraba al Peludo, o a su hermano Juancho, lo de adentro del tronco del bananal, y en esos tubos vegetales los pequeños intersticios eran semejantes a los de la cola de su sirena. Eran como rejillas de panal donde el Chamá el que él mismo, después de todo, se tuvo lástima, cuando, palpándose las fuerzas, consintió para sus adentros que ya sólo podía trabajar como quenque, ese hombre de trapo que llega de la ciudad con la máscara de todas las aflicciones familiares. ¡No es conmigo, se dijo; si te has de quedar de quenque, mejor te vas de mendigo a una iglesia! ¡Trabajar, sí, pero de chapiador o de cuzuco! ¡Bien visto, pero em... em... ya para eso no había sujeto: la Carla, como un italiano le dijo que se llamaba su sirena, lo tenía siempre adobado de esperma! Lino Lucero pataleó y casi llora; Lino Lucero ya sólo bueno pa quenque. Hubiera querido no oír aquella y otra letanía de lástima de los negros del tren balastrero. Fue en busca del Chamá, como una hoja de bananal llevada por millones de hormigas arrieras; el ácido azul en los cabellos largos, enmarañados porque ya se la pasaba entre los quenques. ¡Carla no donna ni sirena!, le repetía el italiano de ojos azules que aceptaba estar vendido como esclavo a la «Tropicaltanera», por los *fiascos* de vino Chianti, que a diario sacaba del comisariato. ¡Carla mía, no donna, no sirena, uva de Italia, de la mía Italia!

El Chamá le cerraba un ojo a la puerta cuando asomó Lino Lucero con su cara de sonámbulo. Empezaba una noche grande, grande, para una gran luna que salía horizonte allá. Una de esas lunas calientes, lunas de la costa que en el momento de alzarse reparten ligero temblor de baño frío. Y tuvo la suerte inmensa, como la noche, de acertar a llamarle:

—Rito Fui Perraj...

La mano que ya el abuelo apoyaba en la otra puerta, para cerrarla, se detuvo. Inclinó la cabeza cana hacia afuera. En la sombra habían quedado esfumados Rito Soy y Rito Seré, por lo que Lino, intuitivamente, agregó:

—Buenas noches también a Rito Soy y a Rito Seré Perraj...

Tres dentaduras de maíces amarillos brillaron en la semioscuridad; pero en una se apagó la dentadura y blanda palabra de bienvenida, ganada de las edades por intermedio de la voz del abuelo, le saludó e hizo pasar.

El tacto de las manos de viejo, duras, huesos rodeados ya por el vacío de la muerte, lo desdibujó en la luz angustiosa del ocote que ardía en la pequeña cocina, comunicada con la pieza en que estaban, donde el Chamá lo había tendido sobre un largo tapexco.

No se encontraba él, Lino Lucero, a pesar de que acudía a sus formas conocidas de pensamientos: llamarse por su nombre: Lino Lucero de León, hijo de Adelaido Lucero y de Roselia de León de Lucero, hermano de Juancho Lucero, y hermano de la Lagartija, amigo íntimo del Peludo Gatián, socio de la cooperativa...

Nada concreto. El huelgo de la respiración del Chamá lo tornaba una masa abstracta, antes del bautismo, silenciosamente carne de su madre y de su padre, silenciosamente anhelo inalcanzable de los dos, ellos juntos, al amarse en el tiempo en que para él el tiempo no contaba.

¿Cuándo empezó a contar para él el tiempo?

Un seis de abril... de mil... mil... hasta la fecha de su nacimiento olvidaba.

El Chamá lo disolvió, se lo llevó con él en las puntas de sus dedos, en el temblor de su respiración veteada de quejiditos de anciano, a la cueva de los murciélagos, de los murciélagos desesperados por las pulgas y el calor, y sin poder volar porque estaban dormidos. Esos murciélagos del viento, que tienen en las telas de las alas el viento en telarañas enrollado, y que sueltan una vez cada cien años, si el Chamá no los suelta antes. Las pulgas hambrientas se empanzaron de sangre cuando él pasó por allí zumbando como zancudo con fiebre palúdica, y de sus ojos, comenzaron a salirle círculos de cebolla rodajeada, círculos y círculos y círculos, como si le hubieran arrojado una piedra a cada ojo. Mecapal tostado parecía su frente. La mano del Chamá le colaba el sudor pegostioso del pelo, para que no le cayera a los sentidos, que le había embadurnado con gusanera de hojas de yerbabuena.

Sólo supo que estuvo dormido cuando despertó en su casa; pero no en casa de su mujer, sino en casa de sus padres, y escuchó, como un chorro de agua limpia, la voz de su madre que explicaba a su mujer lo de la purga que mandó que se le diera el Chamá, al despertar.

Con el milagro de sólo la pepita de chico engordó y recobró las fuerzas en dos o tres semanas. Se partía la pepita, se quebraba el sueño de la cáscara negra que cubre la almendra, y martajada ésta se daba por poquitos contra la debilidad y, algo más, mantenía a los hombres viriles.

El viejo Lucero, desde su inmovilidad de reumático, repetía:

—Bueno estuvo que eché a mi hijo, porque así tuve el gusto de que regresara; ahora es más mi hijo...

—Callate, Adelaido, dejá de hablar singraciadas...

Los pasos de Lester Mead les sorprendieron. Hacía mucho tiempo que no daba la cara. Doña Roselia salió a recibirle. Entró y abrazó al viejo y a Lino. Luego se sentaron en rueda, alrededor de la silla del reumático, frente al panorama que se dominaba desde el corredor de la casa de «Semírames». Lino, según anunció Mead, debía trasladarse a vivir a la capital.

—Pero cómo va a poder vivir allá, donde todo cuesta tanto... —articuló doña Roselia después de un momento de silencio.

—Para eso lleva fondos.

—¿Y en qué va a trabajar? —atrevió Lucero pensativo, porque las disposiciones de Lester Mead casi siempre eran órdenes. No nos ayudó en lo de la sirena y ahora viene a querérselo llevar.

—Trabajará en lo que quiera; lo que precisa es que no deje su guitarra y que allá vea la forma de aprender a tocar por solfa.

El viejo Lucero, que se preparaba a decir que no permitía que se fuera su hijo, se sintió halagado. La vanidad de padre es la más fuerte de las vanidades. Doña Roselia se quedó silenciosa, honda, casi tuvo que cerrar los ojos para no verse el pensamiento: en la guitarra de Lino estaba encerrada la sirena, y venir este santo señor a que siguiera con la guitarra.

—Lo primero sería que aquí doña Leland le enseñara algo de música —dijo con pausada voz doña Roselia—; Adelaido está malo y sin los hijos uno se muere más luego. Es que sin los hijos, que es lo más suyo que uno tiene, se empieza a sentir uno como si estuviera de más en la vida, y esto es ya casi llamar a la muerte. Los hijos son el calor de uno, mister Mead...

—Sí, Leland puede empezar a enseñarle las notas; pero lo que conviene es que se vaya.

XIV

¡Adelaido Lucero, te vas a morir ya! ¡Ya vas caminando! ¡Ya no tenés cuentas pendientes! ¡Cada hijo con sus hijos! ¡Lo Roselia vieja, pero qué se ha de hacer, vieja! ¡El viejo tostado por el reumatís de costa, reumatís caliente, como pellejo de albarda!

Sollozaba cuando lo dejaban solo igual que un niño. Se rascó y se rascó y se rascó. Se rascó la cabeza largo rato. Al fin vio si estaban. Enderezaba por ratitos y con mucho trabajo la nuca. ¿Quién estaba? La Roselia. Bueno, pues, la Roselia... El hubiera querido que estuviera uno de sus hijos. Siempre había alguno cerca, por si algo se le ofrecía. El más cariñoso era el más chiquito, Rosalío Cándido, al que llamaban todavía Lagartija. Pero esa noche en unas galeras adornadas con flecos de papel y hojas bonitas, bajo lámparas que daban una luz muy blanca, celebraban la inauguración de la Fábrica de Harina de Banano.

Las manos de Lester Mead y las manos de Leland, y las manos de todos ellos entraban y salían de los recipientes que empezaban a colmarse del precioso polvo, mientras las poleas giraban vibrantes y las fajas, como serpientes interminables, comunicaban la magia del movimiento a las máquinas, todo impulsado por un motor de caballo y medio de fuerza.

—¡Me voy a morir, Roselia, se va a morir Adelaido Lucero sin saber la verdad! En todo eso que me contás de la sociedad de los muchachos con el loco de Cosi (para el viejo Lucero lo de Lester Mead era una trampa), hay gato encerrado. Yo sé lo que te digo, Roselia. Hay gato encerrado. No puedo convencerme, yo que conozco el asunto, que con sólo las entraditas que diz tienen, vayan a poder hacer todo lo que han hecho. Hasta plantar ese molino. Hay gato encerrado.

—Con todo y la madera de balsa, y con todo y las yeguas paridas.

—No, Roselia, ese hombre por lo menos tiene pacto con el diablo. Acordate cómo lo conocimos. Vendía... ¿qué vendía?... nada... más era su risa de trueno que perforaba los oídos a distancia... ¡Ya-já, já, já!... Y dormía, já, já... donde le agarraba la noche y comía, no; si mejor a mí también me da risa, se la pasaba en ayunas.

Una marimba traída del pueblo tocaba en el molino. Y ya algunas parejas bailaban en un patio de tierra sobre pino despenicado. Mead tomó en sus brazos a Leland. Un vals. Ella respiraba la felicidad de ser amada por aquel hombre. Su felicidad era mayor que la de cualquier otra mujer que se haya sentido amada, porque para ella era sentirse amada por un ser excepcional. Se pegaba a él, quería que la llevara junto a su corazón. Y Lester la oprimía suavemente, como a la novia con quien se baila por primera vez. La amaba porque se fijó en él cuando era simplemente Cosi, aquel pintoresco vendedor de «todo lo indispensable para el costurero», que anunciaba su mercancía con una carcajada larga, estridente, terriblemente trágica, no resistió la tentación de besarla y puso sus labios junto al cabello de su esposa, sobre la oreja, para luego apoyar su boca en la mecha olorosa, sedosa, tibia, oro con resplandor de hoja de bananal. Debajo estaba el hueso de aquella cabecita adorada. Ella se sintió tan linda bajo aquel beso que habría querido que todos la vieran así, vestida por un beso de su marido.

—¡No gastan, Adelaido, te digo que no gastan! Así quién no levanta cabeza. Todo lo que ganan lo guardan, y de eso, del cuchubal van sacando lo más indispensable.

—Contame a mí vos eso. El molino no vale dos pesos; las yeguas no le costaron cascaritas de huevo; las tierras de los Fueté y las de los Jarrín; y el tener siempre transporte en el ferrocarril que a nadie le transporta nada...

todo eso cuesta, cuesta, Roselia, y sólo que le hayan vendido el alma al diablo, y el diablo le dé y le dé hasta que le llegue su día...

—Pues sí, hay algo... —murmuró doña Roselia—; pero los que menos, los que menos podemos hablar de él somos nosotros; sólo hay que ver cómo quiere y cómo ha puesto a los muchachos, y cómo se preocupó, acordate vos, por volver a Juancho a con su mujer y sus hijos.

—¡Ahí voy, ahí voy! Antes de entregar mi alma a Dios...

—Si no te estás muriendo, déjate de cuentos...

—Déjame hablar, mujer. Antes de mi fin, quiero que mis hijos me confiesen sobre la señal de la cruz que ellos no han hecho ni harían nunca pacto con el diablo.

—Se los vas a decir que lo hagan...

—¿Se podría que fuera hoy, Roselia?

—Hoy están en la fiesta y no vamos a irlos a molestar para que vengan a testificar tristezas. Pensá en tus nietos, que son una preciosura y dejá de estar hablando de Satanás.

—Y si fuera robado lo que tienen, lo que gastan, y un buen día mis muchachos van a dar a la cárcel por ladrones.

—Se probará que ellos no tienen la culpa.

—Se probará... Pero mientras se averigua, por cómplices...

—Me das en qué pensar y no quiero pensar; si es así, más vale que tuvieran pacto con el diablo.

—¡Mujer!

—¡Ninguna de las dos cosas, pues; pero vos tenés la culpa con hacerme pensar; no hay cosa peor que la lengua, la lengua de los viejos es veneno o es dulzura!

—El que nos podía sacar de dudas sería mister Rose; yo lo conozco mucho y algunas veces pasa por aquí, sólo que estoy tan agachado que ya parezco floripundia marchita, y por no molestarme se me figura que no me dice adiós; tendría yo que alzar la cabeza y me cuesta tanto.

—Le preguntarás... Cuando lo de Lino vino a vernos, se interesó.

—Le preguntaré... Los padres tenemos que ver con los hijos, aunque ya sean tamaños bayuncones. Ni presos

por ladrones, ni con el alma vendida al diablo... ¡Que
trabajen limpio como trabajó su padre, pero libres en sus
tierras, vendiendo su fruta propia!

—Pero todo eso se logró, no podemos quejarnos.

—Se logró, pero... No me hagás hablar, Roselia, no
me hagás hablar; se logró, pero quién sabe si es todo robado o pactado, y no sé cuál de las dos cosas más peor...

Esa noche el campo estaba lleno de puntitos luminosos
de color verde, como si el bananal, en medio del calor del
cielo, soltara ojos en forma de luciérnagas. Desde «Semírames», los dos viejos veían el resplandor de la casa de
fiesta detrás de una gran cortina de árboles que trepaban
por la media colina, para luego situarse entre la hondonada
donde quedaba el molino, y «Semírames», que se veía
en alto.

—Oí —dijo la vieja Roselia, después de un largo rato—,
debe venir alguien.

—A estas horas, sólo que sea el dotor... si es él yo le
pregunto, Roselia, no puedo morir con la duda.

La jovialidad del galeno alegró a los esposos Lucero.
Mientras el viejo hacía pucheros, el galeno iba palpándole,
con andado de araña, las costillas del pecho, del lado del
corazón. Con los dedos abiertos en forma de compás, trazó
un medio círculo. La otra mitad casi en seguida y ahí puso
el oído sobre un pañuelo de seda.

Pero más que dentro de Lucero, el médico parecía estar
oyendo fuera de Lucero, porque alzó la cabeza y preguntó:

—¿Tienen marimba cerca?

—En la inauguración del Molino de Harina de Banano
—dijo doña Roselia, mientras su marido se abrochaba la
camisa, más bien se juntaba las pestañas de la camisa,
porque con sus dedos engarabatados, cuándo iba a pasar
uno de esos botoncitos de concha por uno de los ojales.

—Vea, dotor, yo soy lo que usté siempre me dice:
un viejo fregado; pero soy tan refregado que estaba pensando con esa inauguración del molino, si no habrá gato
encerrado...

—Sus hijos deben saberlo...

—No saben nada; yo soy el que les quiere abrir los
ojos; es muy misterioso todo lo que pasa con mister
Mead...

Doña Roselia carraspeó fingiendo una tos con pujido, para indicar al viejo Lucero que estaba escupiendo al cielo.

—Pues... lo que yo sé —contestó el médico— es que la «Tropical Platanera, S. A.», tuvo aquí a tres de los mejores detectives de los Estados y nada se averiguó sobre el misterio de Lester Mead. ¿Es un aventurero? ¿Es un técnico en la asociación de cooperativas? ¿Es un visionario? Lo cierto, don Adelaido, es que se ha captado la simpatía y el respeto de todos.

—¡Es tan servicial!... —exclamó doña Roselia.

—Para mí, que tiene pacto con el diablo.

—Lo único que se sabe es que siempre anduvo entre plantadores de banano, aquí y en otros países.

—Siéntese, doctor...

—No, señora, me voy... El otro día conversé con él y me dio la clave de su sistema económico. Los indios de San Jacinto bajan a la otra costa, trabajan en las fincas de banano, y se vuelven a su casa todos ricos; en cambio, los criollos llegan con la cabeza llena de sueños heroicos y ni siquiera vuelven... y si vuelven son unos desechos sociales... ¡La economía de los indios de San Jacinto, reflexionen en eso y no en el diablo!

El doctor, al decir así, hizo señas a doña Roselia para que le acompañara unos pasos. La vieja lo acompañó y se volvió con los pies que le pesaban, como si fueran bolsas de arena sobre el suelo. Lucero había cerrado los ojos, una máscara de viejo rociada de sudor. Pero aún respiraba, respiraba suavemente. Le puso la mano en la cabeza con ternura de vieja. Allí cerca de él ya no se veía nada. Era la noche, la sombra, el país de la muerte, adonde su viejo iba a entrar cuando se le acabara la pita al corazón. Juntó los párpados para quebrantarse las lágrimas, como maíces gordos bajo la mano de la piedra. Era triste ver desmoronarse una vida, sentir ya alrededor del pobre viejo trabajado toda la inutilidad del mundo, toda la inutilidad de las cosas. Se acurrucó junto a él. Entreabrió los labios para decir, al tiempo de buscarle la mano, necesitaba llevarlo hasta el fin para decir ¡Dios mío!

—¡La economía de los indios de San Jacinto!... —murmuró palabra por palabra el viejo Lucero.

El último ataque fue largo. Cargado lo llevaron un día a ver el molino. Nunca había visto harina de banano. Todo para la exportación. Tuvo en sus manos la blanca masa de oro. La probó. Pidió que le llevaran a los labios un poquito y más que probarla la besó. Harina de banano. Harina del Dios del trópico. Harina para las hostias de una nueva religión. La del hombre. Luego le mostraron los botecitos de diferentes tamaños, según el peso para la exportación, y las etiquetas.

XV

La mujer de Bastiancito Cojubul se quedó cuidando la casa de los Mead. Estarían ausentes algunas semanas. Ahora que aprovechen para registrar hasta bajo las piedras. Si lástima que yo no me pueda levantar, que ya no tenga acción... El viejo Adelaido Lucero a pesar de lo de la «economía de los indios de San Jacinto», no dejaba de volver a darle la vuelta al cabo de sus dudas. Y en ésas, un día que entraron al cuarto, en «Semírames», lo encontraron hecho un escarabajo cubierto de moscas, ya finado. El velorio. Los nueve días. Doña Roselia no aguantó el negro. En la costa quema el luto y, como ella decía, qué más luto que la vejez. La vejez es el luto de la vida. Por todo lo que se le ha muerto a uno está viejo. Inmensas hogueras de abril y mayo. Aunque por la costa empezaba a llover más luego. Pero ese año no había caído ni una gota. Al fin, fueron los aguaceros. Pero aguaceros que parecían llevados por los pájaros en las alas. Un chaparrón y el sol resecándolo todo, poniendo la tierra como ladrillo sin cocer. No aquellos aguaceros de sentarse a ver llover, de dormirse mientras llueve, de despertar lloviendo y de volver anochecer lloviendo.

Para borrarse un poco el cuerpo de Adelaido Lucero, que se había quedado en el frío y vacío de la casa, doña Roselia se bajaba a la residencia de los Mead. Una construcción curiosa, de troncos de árboles, que llamaban, en su lengua, «bungalow», rodeada de jardines que para doña Roselia no eran tales jardines, sino trechos bien cuidados de zacatillo verde. La mujer de Bastiancito era muy fina con ella. Le servía chocolate apenas llegaba con su cara triste de viuda y de madre en sus vestidos de todos los días. Ese chocolate extranjero que sabe a sabroso. El del país dealtiro lo están haciendo muy malo, azúcar y nada de cacao. Uno de sus hijos contó que antes de marcharse Lester Mead adquirió tierras donde pensaba intensificar el cultivo de cacahuatales. Eso del cacao es más oro que el café y el banano. Nunca imaginé a mis hijos tan ricos, reflexionaba la vieja Roselia, sorbiendo la taza de chocolate caliente, en plena costa, a las dos de la tarde. Ella le pidió a Dios que sus hijos fueran trabajadores, pero no ricos. La riqueza trae muchas desgracias, muchos sinsabores. ¡Si habremos visto! A los ricos se les endurece el corazón. Y qué mayor desgracia que tener duro el corazón. Pero como la suerte es la suerte, nacieron para tener, así como hay otros que se pasan la vida siempre amalayando...

Leland Foster, desde que llegó con su primer marido a las plantaciones de la «Tropical Platanera, S. A.», en viaje de vacaciones, no recordaba haber salido de allí. Ni a la capital había ido, menos a Norteamérica. Una vez, hace mucho tiempo, preparó valijas pero en eso regresó Lester y ya no se movió. El tren le tocaba los nervios. Mead dispuso llevarla en automóvil, de paso lo dejaría en un taller para que lo revisaran y pintaran, así a su regreso estaría como nuevo.

La sorpresa que se van a llevar los amigos cuando, ya ellos ausentes de las plantaciones, sepan que andan de viaje. Por ella, sobre todo, porque Mead era un «pata de chucho». Y primera vez que viajaría tantas horas en avión. Sólo tuvo tiempo de comprar un traje medio presentable, un sombrero, un bolso, zapatos, y darle una media visita a la ciudad, cuya luz clarísima le causaba la impresión de estar en otro mundo, en el piso más alto del aire.

Pero ya estaba en otro mundo después de algunas horas de vuelo. En la atmósfera de fierro hediondo de Nueva York. Cuantos años hacía que no estaba en Nueva York. Sacudió la cabeza ante el enorme espejo de su habitación principesca. La residencia de unos amigos de Mead, en la parte más bella de las afueras de Nueva York. Cuando Leland llegó al comedor, Mead la esperaba leyendo la prensa y algunos mensajes. Ella pasó por la biblioteca y tomó de las obras de Shakespeare *The Taming of the Shrew*. El oro verde de su cabello, sus ojos como almendras de corteza de pan tostado, su belleza blanca, todo reía en ella, cuando dijo a Mead, al entrar en el comedor:

—Mejor releo a Shakespeare; no quiero que me pasen las de Perillán...

—A mí es al que le está pasando lo de Perillán. Ahora me llaman mis abogados.

—¿Has heredado una fortuna, sin duda?

—Lo cierto es que tú tomas el otro automóvil...

—¿Cuál otro automóvil, señor duque?

—El que te han asignado a ti estas gentes...

—¿Cuáles gentes, si no he visto a nadie? Desde que estoy aquí no he hecho más que mirar retratos.

—Los propietarios, mis amigos que manejan sus bienes desde algún lugar de Europa.

Los abogados esperaban a Lester Mead. Dos hermanos gemelos, los dos abogados. Cuando estaban juntos no era fácil decir quién era quién, y separados, imposible identificarlos. Por eso Mead sintió una gran alegría cuando al saludarlos pudo decir Alfredo al que se llamaba Alfredo, y Roberto al que se llamaba Roberto. Eran los famosos abogados Alfredo y Roberto Doswell.

Pasado el momento de los saludos, Mead ocupó una silla ante el escritorio que era un escritorio muy grande, especial para dos personas, dos personas que eran una, tan parecidos físicamente y tan identificados en sus negocios, en sus gustos, en todo.

—Nuestros accionistas —dijo Roberto Doswell— están ansiosos de saber los resultados de su experiencia. Podríamos convocar a una reunión esta misma tarde.

Mientras hablaba Alfredo, no, si Roberto era el que hablaba; mientras hablaba Roberto, Alfredo sacó un block y se puso en actitud de escribir.

—Me parece bien que nos reunamos esta misma tarde —contestó Mead—; sólo desearía saber la hora.

—La tenemos —dijo Alfredo Doswell, mientras escribía—: las cuatro de la tarde.

—Entendidos...

—Pero espere usted, señor Stoner... —a Mead le causó cierta sorpresa oírse llamar por su verdadero nombre—, telefonearemos a Washington, porque los accionistas de nuestro grupo desean que durante su informe esté presente una personalidad del Departamento de Estado.

—Yo, mientras tanto, llamaré a mi esposa; quizás no ha salido de casa y puedo darle contraorden.

—Será a las cuatro de la tarde, señor Stoner... —dijo uno de los abogados; pero esta vez Lester no habría sabido cuál de los dos, si Alfredo o Roberto.

El informe fue ligeramente teñido de humorismo, aunque muy amargo. Enfundado en un traje color de cobre viejo, Lester Stoner empezó a hablar a las cuatro y un minuto de la tarde. Los accionistas ocupaban unos sillones bajos. De Washington había llegado una personalidad del Departamento de Estado. Un hombre áspero, de cabello blanco, pelos de lobo marino en la cara.

—Ahora ya saben ustedes —concluyó Stoner— cuáles son los métodos que emplea la «Tropical Platanera, S. A.», a la que tengo el honor de pertenecer, si honor se puede llamar a la condición de traficantes, negreros y esclavistas que tenemos debido a la política adoptada. Corresponde a ustedes rectificar el mal camino. No se puede seguir así en los trópicos americanos, si no queremos perder definitivamente nuestro prestigio y nuestros negocios. La práctica demuestra que si vamos allí con las manos limpias de sobornos, cooperando al bienestar de esos pueblos, sin sacrificio de un solo centavo en nuestras actuales ganancias y tal vez aumentándolas, se nos verá como amigos y no como enemigos. No somos honestos ni respetamos las leyes de los países en que operamos. No se nos quiere mal porque seamos norteamericanos, sino porque somos malos norteamericanos. Es siniestro aplastar todos los días la esperanza de los hombres que han sembrado sus tierras para vivir en paz. Esos hombres nos hacen la guerra, porque nosotros vamos a ellos en son de guerra. No hemos sabido tratar con ellos en el plano de la legalidad y la decencia, que implican la industria y el comercio honestos. Todo lo creemos legítimo porque tenemos la fuerza del dólar. Pero yo creo, sostengo, defiendo, que si la situación mundial alguna vez nos fuera adversa, el odio de esos pueblos nos acompañará multiplicado por los racimos que hoy rechazan nuestros inspectores todos los días.

Lester Stoner tomó unos tragos de agua y continuó su informe.

—Esa gente empieza a estar cansada de nosotros y nosotros cansados de ellos. La amenaza de que si se nos molesta abandonamos las plantaciones y nos vamos con lo nuestro a otra parte, ya no los conmueve. Con nosotros, sus cosas van tan mal, que sin nosotros no podrían ir peor. Luego, que la geografía nos contradice. ¿Dónde podríamos ir con nuestras empresas agrícolas quedando en la vecindad de nuestra casa? A ninguna parte. La prensa que nos defiende está desacreditadísima y nuestros abogados son más policía a nuestro servicio que togados al servicio de la ley. Esclavizamos a unos con nuestros sistemas de ventas, corrompemos a otros con nuestras dádivas; arruinamos las economías locales con nuestra voracidad monopolista y todo lo pretendemos encubrir con los beneficios de la civilización que hemos llevado en equipos que quitan al hombre la dignidad de morir de paludismo, por ejemplo, para buscarse la muerte lenta con whisky y soda, unos, otros con ron y aguardiente; y a nosotros la dignidad de defender como hombres lo que defendemos con la llamadita telefónica a nuestra representación diplomática.

Stoner apuró el resto de su vaso de agua; sentía los labios febriles, y siguió su informe.

—Las cifras globales, aparte de mi convicción humana, para comprobar que obtendremos buenas ganancias sin necesidad de explotar a los trabajadores, arruinar a los plantadores privados y matar a los competidores, quedan a la estima de los señores accionistas en poder de mis abogados.

Alzó la voz para decir:

—¡La espina dorsal del asunto es sustituir a los que hoy gobiernan la compañía, de acuerdo con una política que todo lo sacrifica a la ganancia, por autoridades que hagan uso de nuestro inmenso poder financiero para permitirnos un dominio estable de lo que día a día se nos está escapando de las manos. Reclamo una política adecuada para salvaguardar el futuro, sin reducir los beneficios. Ustedes jamás habían reflexionado en este cambio de política. Los otros accionistas tampoco, porque no están en condiciones de saber lo que allá pasa. Reclutemos, entonces, y que sea pronto, entre los que desconocen la verdad de los hechos, nuevos adeptos, y cuando seamos mayoría...

El largo automóvil enfiló por una de las autopistas que conducen del centro de Nueva York al campo. Leland, al lado de su marido que conducía el coche velozmente, echó su cuerpo hacia la portezuela, volviendo la cabeza para verlo bien, y después de la mirada desafiante le dijo:

—Considero que debo hablarte con lealtad, que debes saber lo que pienso... sí... es mejor que lo sepas... se desmoronó el pedestal en que para mí yo te había puesto, el pedestal... eres de una hipocresía tan grande que no sé cómo podría soportarte un día más, un minuto más... en las plantaciones dormías a veces en el suelo, con los muchachos... allá no se gastaba en nada que fuera superfluo... ¿superfluo?... aún necesario... nada que fueran lujos... te disgustaste con Macario por aquella nadería de seda que compró en el comisariato para su mujer... todo para aparecer a los ojos de aquella pobre gente ignorante como no eres... farsante...

El resplandor de la ciudad se regaba en el campo como la cola de un gran cometa. Leland, herida por el silencio de su marido el cual no obstante sus palabras ofensivas no movió un solo músculo de la cara, ni las pupilas verdes en las córneas blancas que llevaba fijas en la franja gris de la autopista, guardó silencio conteniendo el llanto.

Después de un largo rato, Lester, sin volver la cabeza, dijo:

—¿Sería dable saber tu preferencia entre el puritano de las plantaciones y el hombre mundano de Nueva York?

—¡Cínico!

Lester volvió a callar y ella no pudo contenerse más. Por sus mejillas saltaban gotas de llanto, gruesas y abundantes. Lloró sin hacer ningún movimiento, como si fuera parte de la maquinaria de relojería de aquel automóvil largo y silencioso. Sólo por el pañuelito de encajes que se llevó a la nariz, para sonarse, se supo que lloraba.

—Ciertos gastos, aunque parezcan suntuarios, no lo son cuando se necesita obtener un crédito como el que he pedido a los banqueros. Un crédito a largo plazo que nos permite desarrollar industrias derivadas del banano y otros cultivos propios de aquellas tierras.

Leland levantó la cabeza. Sus ojos mojados de llanto tenían en el fondo dos puntitos de luz, y dijo casi murmurando:

—Perdóname, Lester, soy una pobre tonta, y la ciudad me ha desequilibrado, me causa estrago no encontrar la Nueva York de... de lo que para una es Nueva York... eso que una piensa que es Nueva York, que una ha soñado que es Nueva York... encontrar una ciudad que parece creada para usar todas las fuerzas humanas hasta la náusea... para devorarnos a todos... una gigante fea, sin sentido... —y juntándose a él—: ¡Amor, eres divino! Haces tan bien tu papel de mundano y cenobita, de banquero en la City y hacendado tropical, que no se sabe en cuál papel estás mejor; para mí en todos, porque en todos eres auténtico; por eso sufrí tanto hace unos momentos... amorcito... porque creía que ibas a destruir en mí tu bella imagen de hombre que tiene capacidad para hacer todo lo que quiere auténticamente...

—Nos iremos de aquí; yo también estoy deseando irme; soy un cautivo que cuenta los días que faltan para evadirse. Cuando pienso que hay mares, montañas, volcanes, lagos, ríos inmensos con olor a frutas líquidas y que aquí en cambio hay millares de gentes encerradas, desde que nacen hasta que mueren, en casas y oficinas hediondas, grises...

Los abogados gemelos volvieron a mostrar a Mead, para ellos Stoner, su doble faz, un mismo individuo ante dos espejos. Alfredo y Roberto y Roberto y Alfredo, cuando éste vino a despedirse de ellos y firmar algunos papeles importantes. Sobre su sola firma concedieron el crédito de medio millón de dólares. Luego, su testamento. Unica y universal heredera su esposa, Leland Foster de Stoner, y en su defecto la sociedad «Mead-Cojubul-Lucero-Ayuc-Gaitán».

Cuando Leland entró en el despacho de los abogados, se pusieron de pie.

—Es una de paquetes... En vísperas de viaje siempre anda una cargada de todos los olvidos, cositas que se compran a última hora... —y después de las excusas, dirigiéndose a su marido—: ¿estamos a tiempo, verdad?

Los abogados Doswell se inclinaron para saludarla y besarle la mano, estrecharon en seguida la mano a Lester

Lead, para ellos Lester Stoner, y un momento después la puerta del despacho se cerró a espaldas de los esposos, sin ruido, automáticamente, como se había abierto.

—No sé cómo te las arreglas tú para entendértelas con tus abogados. ¿Quién es quién?

—Por eso no los busco sino cuando están juntos; al llamarlos por teléfono para fijar las citas, siempre advierto que es con los dos con quienes deseo entrevistarme, y hasta la fecha bato el récord de sus clientes en saludarlos por su nombre al sólo entrar al despacho.

—Se me figura que no amanece, que no me voy mañana. Yo viviría aquí sólo siendo millonaria...

—Si ya lo eres...

—Entonces me quedo...

—Eres la heredera de uno de los más fuertes accionistas de la «Tropical Platanera, S. A.», y tu renta no baja al mes de... pon la cifra que tú quieras, de cien mil dólares en adelante...

—Seré, seré millonaria, porque la «Mead-Cojubul-Lucero-Ayuc-Gaitán» absorberá a la «Tropicaltanera», y entonces espero que nuestras acciones sean las más fuertes.

—Lo único que falta, antes de irnos, es que vuelvas a su sitio el libro de Shakespeare. Todavía es tiempo... —y se oyó la risa de Lester, que repetía—: todavía es tiempo—, al avanzar con el auto por el sombreado jardín de la residencia.

Leland se quedó admirando la profusión de luces que se veían encendidas en los salones, escaleras, pórticos, pérgolas y demás rincones de lo que entonces le pareció un palacio.

—Han vuelto tus amigos. Me parece una sorpresa agradable. No hubiera querido irme sin conocerlos. Debimos haber venido antes, tan pronto como salimos de donde los abogados, así habríamos tenido más tiempo de estar con ellos.

Todas estas palabras las decía Leland a tontas y a locas, mientras bajaban del automóvil.

Un grupo de damas en traje de «soirée» y caballeros de smoking se acercaron a darles la bienvenida. Lo extraño es que no le llamaban Mead, sino Stoner. Leland creyó que por tal equivocación les recibían así, y apresuróse a pedir a su esposo que aclarara que ellos no eran los señores Stoner, sino los señores Mead.

Pero fue más su confusión cuando encontró entre los concurrentes a los abogados gemelos. La fiesta no le agradaba por el molesto equívoco en que para ella estaban sus agasajantes, y hasta llegó a pensar mal de su marido. Si se estuviera haciendo pasar por otra persona. Las mujeres son tan propensas a pensar mal del marido. Luego al conocer la verdad, Leland se sintió deprimida. Tan bruscamente había llegado a ser lo que su marido, al parecer bromeando, le dijo hace algunas horas, que era millonaria. Pero con la primera copa de champagne bastó para que el nubarrón se deshiciera en risas. Reía con Alfredo y Roberto Doswell de los apuros en que ella se veía para reconocerlos, ahora que seguirían siendo amigos: reía con los más adustos socios de la «Tropical Platanera, S. A.», que secundaban a Stoner en su finalidad de modificar la política financiera de la Compañía; reía con las damas que la felicitaban y encontraban encantadora; e hizo sonreír al importantísimo personaje del Departamento de Estado, cuando le contó que su marido se hacía pasar por Cosi. «Todo lo indispensable para el costurero», y rió Leland con el «ya-já, já, já, já, já», que guardaba en los oídos como el chorro de agua de una regadera caliente.

Lester la condujo a la terraza. ¿La había embriagado una copa de champagne?... ¿La había embriagado el gusto?

Ella no contestó a su marido, lo tomó del cuello con sus dos brazos, lo besó y le dijo:

—Estoy ebria de ti...

Una orquesta de salón ejecutó las preferencias musicales de Leland. Más tarde, cuando, después de bailar, volvieron a la terraza, Leland ya no se reía.

—Estoy llorando... —murmuró, y tenía la cara bañada en llanto.

Se quedaron solos. Los invitados se deshicieron donde desaparecen las gentes extrañas, por amigas que sean, cuando llegan estos momentos en que no está bien más que la pareja que estuvo en el paraíso. Desvaneciéronse aquellos invitados que pesaban en oro lo que valían sus acciones en la Compañía. Aquel viejecito de mirada fisgosa bajo las cejas canas, patillas y barbita, con las manos regordetas siempre sobre el vientre, líder principal del plan de cambiar la política financiera de la «Tropical Platanera, S. A.», no como pretendían hacerlo sus colegas moderados, sino a fondo, socializando el negocio.

La música, en el silencio, se oía no porque estuviera tocando, sino porque se recordaba su sonido. Leland se soltó de las manos de Stoner y huyó por el jardín.

—¿Adónde vas?... —alcanzó a preguntarle Lester.

—¡Adonde me espera Mead, el pobre!

—¡No en el jardín, sino aquí te espera, en la obra de Shakespeare!...

Leland se sintió frustrada en su papel histrónico.

—¡Perillán —volvióse a decirle—, deja de soñar, Perillán —y le frotaba las manos en la cara, en los ojos, acariciándolo—, o soñemos que es verdad!

Los invitados no se habían ido. Ella era atención por el viejecito de las patillas y la barbita, a quien otro de los accionistas, un judío de cabeza terminada en aguda punta, explicaba cómo Stoner se había lanzado a aquella aventura de las plantaciones bananeras, porque le fastidiaba la vida de millonario.

Poco a poco, Leland fue recobrando su conciencia. Había reído, había llorado, había salido corriendo al jardín. Los invitados la rodeaban, los abogados mellizos, y en la mano llevaba una sortija que, no conforme con verla, se la tocaba. No era una esmeralda. Era un pedazo de uno de los ojos de Lester Mead. Para ella seguía siendo Lester Mead.

Volvieron a irse los invitados o hasta ahora se iban. Esta vez, ya ella más serena, les ofrecía la mano para que se la besaran. Hasta ahora se iban, salían...

—Sí, amorcito, Lester Stoner se queda en Nueva York, en esta casa y vuelve a las plantaciones contigo Lester Mead. ¿Quieres que te diga una cosa?

—Mi amor, di todo lo que quieras...

—A Lester Mead es al que yo prefiero; Lester Stoner es el millonario sin corazón; el millonario que no se daba el lujo de dejar de ser canalla, el millonario del Waldorf Astoria, del yate, de los caballos de carrera, de las mujeres compradas... El millonario del bacará y la ruleta, sudor de gente mal pagada jugando a punto y banca...

El millonario de las combinaciones políticas para mantener gobiernos a su servicio en países en que opera con la voracidad del pulpo... Yo prefiero a Lester Mead, el millonario que organiza cooperativas de cosecheros, que instaló un pequeño molino de harina de banano y que, como un beso de Dios en la frente, con todo y ser millonario encontró el amor.

—Sí, amorcito, Lester Stoner se queda en Nueva York, en esta casa, y vuelve mi loco que reía en las plantaciones, mi millonario que vuelve ahora como un simple trabajador...

—Me fastidiaba tanto cuando percibía mis utilidades sin saber ya en qué gastarlas, porque ya nada me causaba la más mínima emoción, que me puse de acuerdo con mis abogados y algunos accionistas para realizar a mi costo este trabajo de investigaciones de las condiciones en que opera en los trópicos nuestra compañía; y lo malo... no lo malo... lo bueno es que ya no me hallaría a vivir aquí; el caso del cazador cazado...

—Y bien casadito...

—A la cama, porque mañana hay que salir temprano...

—Pero antes, a su anaquel, *The Taming of the Shrew,* para que todo quede en su lugar.

XVI

Un sol desnudo, tan terrible que de entre las piedras asomaban las arañas, no una sino cientos, no cientos sino miles, en borbotón interminable, saliendo de la tierra para no quemarse adentro. Todo en horno diurno y nocturno y ni una gota de agua. Los habitantes se detenían a ver el cielo, seca la piel, seco el aliento, sudorosos, ahogados. La tiniebla azul de cielo. Los animales agotados por el calor y la sed, se doblaban como hechos estropajo. Los árboles en la inmensa hoguera, en forma de llamas sin arder, y los bananales chupando toda la humedad del terreno para su sed. El Chamá sacó las ollas de cal ya preparada y se encaminó al camposanto. Solo él en toda la extensión plana y visible hasta donde se curvaba el horizonte. Paso a paso solo él con las ollas de cal. En el camposanto rechinaba la tierra. Había que aprovechar el mediodía del nueve de marzo. Se le vio entrar al camposanto. Solo él. Tan solo que los muertos medio enterrados pudieron haberlo cogido con sus manos de fuego frío, porque la tierra estaba igual que un horno y hasta los muertos tenían temperatura de vivos. Cementerio de huesos calientes, de moscas verdes y rojizas con zumbido de ventiladores, volando sobre una vegetación color de pelo viejo.

Solo él. Tan solo que pudieron haberle hablado los muertos. Bajo de cuerpo, envuelto en una vestimenta color de corteza de árbol, trapos esponjados por la lluvia, en cuyos hilos se habían fijado nubes de polvo hasta acartonarlos y volverlos rugosos, vegetales. El saco, sin hombreras, cerrado hasta el cuello. De lado y lado de la cara mostraba en las mejillas, a manera de barba, una tiñosidad oscura, carbonosa. Veía esforzándose mucho para abrir los ojos sepultados en arrugas, los párpados sólo arrugas, la frente arrugas, las orejas como arrugas, las manos arrugas con dedos, los pies dedos con arrugas.

—Sugusán, sugusán, sugusán...

Así iba diciendo el Chamá al entrar al camposanto. Las ollas con agua de cal salpicaban el camino, le salpicaban los pies. Gotas y goterones blancos...

Dejó las tumbas de la entrada atrás de su paso tardo. Sugusán, sugusán, sugusán... Detrás dejó las otras tumbas, las que quedaban a la espalda de las tumbas del frente. Sugusán, sugusán, sugusán... Y dejó más atrás las tumbas que estaban detrás de las que acababa de pasar. Sugusán, sugusán, sugusán.

Su mascarilla de arrugas empezó a cambiar su tristeza en alegría. Alzó la cabeza cubierta por un sombrero en forma de hongo, de sombrilla de sapo, para lograr ver algo, ya que sin poder abrir mucho los párpados para ver bien, levantada la cabeza pujando, y escurrióse hacia un pedregal, donde dejó las ollas de agua de cal en el suelo, y se encuclilló largo rato a esperar quién sabe qué.

Alguna señal...

Sugusán, sugusán, sugusán...

Se le cerraban los ojos al Chamá, caídos los párpados, pero no estaba dormido. Un sacudimiento repentino lo hizo levantarse electrizado. De una de las tumbas recién cubierta, fresca la tierra, y la cruz de madera aún nuevecita y bien pintada la inscripción, sacó un muerto. De una tremenda cuchillada le separó la cabeza y la echó en una de las ollas de cal. Luego se fue volviendo por el mismo camino. Solo él, sugusán, sugusán, sugusán, solo él con sus dos ollas de agua de cal, una para despistar, y la otra con la cabeza de Hermenegildo Puac.

Al llegar a su casa, el Chamá Rito Perraj sacó de la olla de agua de cal la cabeza del muerto. Fétida, pesada, blanca de cal fría, entre los labios amoratados los dientes firmes y granudos. Y la volvió a echar a la olla. Viajaría al mar al irse esta luna que no trajo agua, dejando en su casa la cabeza de Puac, orientada hacia donde sale el sol en colchón de plumas de gavilán.

No se quitó el sombrero, sino el techo de su rancho que tenía como sombrero de petate, encima de su sombrero de hongo. Anduvo de dos en dos pasos, de tres en tres pasos, de cinco en cinco pasos, de diez en diez pasos hasta el mar. Los horcones del rancho sus costillas, sus brazos, sus canillas... Las piedras del cimiento del rancho sus pies. Y se vino después, se dejó venir desde el mar contra todas las cosas haciéndose pedazos.

El aire se llevó un rancho..., decían las gentes, y todos se escondían, porque estaba soplando fuerte el viento, cada vez más fuerte el viento huracanado, devastador...

El Hermenegildo Puac murió porque, cuando no tuvo con quién pelear, se le paralizó el corazón. ¡Por eso murió! Y no tuvo con quién pelear, porque, cuando iba resuelto a matar al Gerente, alguien le dijo: ¡Matás a este Gerente y ponen otro Gerente, matás a ese otro Gerente, ponen otro Gerente!...

Se enterró las uñas en las gorduras de sus manos de hombre de trabajo, sin saber qué hacer. Había que escribir a Chicago. La famosa gente de por allá era la que tenía la última palabra. Hermenegildo Puac no sabía dónde quedaba Chicago, pero a pie hubiera llegado, de saber dónde quedaba, para salvarse de la ruina, de la que por fin no se salvó. Y quién es esa gente, preguntaba. Todos, al parecer, sabían quién era, pero sin concretar nada. Chicago. La gente de por allá. Los amos.

El día en que se quedó con su fruta, con sus racimos de banano más grandes que un hombre de regular estatura, sin que se los compraran, lloró y sólo dijo:

—Gringos hijos de puta, si ellos tienen eso que no se ve y que nos aplasta, contra lo que no se puede pelear ni matando, también nosotros, ¡ja!, ¡me capo si no hay venganza!...

Y se fue a ver el Chamá Rito Perraj, a que el Chamá opusiera a esa voluntad indeterminada, una fuerza incontrastable que los arruinara, y el Chamá le pidió su vida, y él, Hermenegildo Puac, se la dio, y el Chamá le pidió su cabeza y él, Hermenegildo Puac, le dio todo con tal que hubiera revancha.

Una fuerza que nada deje en pie. Lo pedía Hermenegildo Puac. Un viento que soplara por debajo. Constante, fuerte, más fuerte, cada vez más fuerte y más bajo, desenraizando los bananales de la Tropicaltanera, arrancándolos para siempre. El viento que clava los dientes en la tierra, sucio, atmosférico, salobre y desentierra todo, hasta los muertos. Lo pedía Hermenegildo Puac con la presencia de su muerte de corazón y la entrega de su cabeza a Rito. Soy Perraj. ¿Se le cambiará la forma a todo? Se le cambiará. Las líneas del ferrocarril se moverán como serpientes. Nada quedará en su sitio. La pobre resistencia vegetal a los elementos desenfrenados dentro de lo natural, será abatida por un solo elemento desencadenado dentro de lo sobrenatural y mágico con la voluntad destructiva del hombre, la fuerza de las bestias marinas y el golpeteo incesante en las raíces, los cimientos, las patas de los animales, los pies de los horrorizados habitantes. Lo pedía Hermenegildo Puac. Y la avalancha huracanada de terremoto aéreo, de maremoto seco, sería, vendría, sobrevendría por el pedido de Hermenegildo Puac a Rito Perraj, el que maneja con sus dedos los alientos fluido y pétreo de Huracán y Cabracán.

Aquella noche. Aquel día siguiente. Aquella segunda noche. Aquel segundo día. Aquella tercera noche. Aquel tercer día. Los vagones que estaban en los rieles empezaron a moverse contra su voluntad, a saltar de las vías férreas, mientras el ganado que bramaba en los corrales salió de ahí en tropel sólo a que locomotoras que escapaban a ciegas lo alcanzaran para descarrilar. Poco a poco se iban despegando las casas de los cimientos, tal la fuerza con que soplaba el viento. Los rehiletes de sacar agua se veían pasar como estrellas sin luz, despedazadas las torres de hierro, arrancados de cuajo los postes del telégrafo y de las plantaciones de banano nada iba quedando en pie, todo por el suelo machacado, convertido en miseria vegetal inmóvil.

El metal blando del huracán en las manos del Chamá Rito Perraj soplaba iracundo como polvo de espadas. El primer impulso de los bananales, de no dejarse arrancar, fue sólo impulso, porque el mar entero hecho remolinos de aire se les vino encima, y entonces a soltarse de las

raíces, a quebrarse de los troncos, a caer más pronto, a
no hacer resistencia, a que el viento pasara más rápido
para barrer con todo lo que barría, casas, animales, trenes, como barrer basura.

Los presidentes de la Compañía, los vicepresidentes,
los gerentes de zona, los superintendentes, los... todos
ellos, todos los representantes de la famosa gente de allá,
esa gente que no tiene cara ni cuerpo pero sí una voluntad implacable... Todos ellos se revolvían como ratas rubias, vestidos de blanco, con anteojos de infelices mio-
pes en sus casas tambaleantes y próximas a ser arrancadas
y barridas. Todos ellos trataban de buscarle la cara a ese
otro alguien que se les oponía a sus designios, que se les
enfrentaba con superiores elementos, que los anulaba a
pesar de sus sistemas de previsión para contrarrestar posibles causas de pérdidas.

El viento seco, caliente, casi fuego de agua, no sólo
derribaba cuanto le salía al paso, sino lo secaba, lo dejaba
como estopa, vaciaba la substancia de los tumbados bananales, igual que si muchos, igual que si muchos días hubieran estado allí tirados al sol.

Sugusán, sugusán, sugusán...

El Chamá volvió al camposanto con la cabeza de Hermenegildo Puac y la enterró. Las cruces habían saltado
en pedazos al pasar el huracán sobre las tumbas. Del pueblo que alimentaba al camposanto con sus muertos apenas quedaba el bulto, pero con muchos destrozos, el bultón solemne, triste, el montón de casas arrumbadas y
sin techo algunas, otras sin las paredes del frente, como
si las hubieran despanzurrado, dejándoles las vísceras de
los muebles a la intemperie, sobre las vacías callejuelas
en que se miraban estanterías de almacenes, tiendas y can-
tinas, cadáveres de gatos, perros, gallinas y algún niño.

Sugusán, sugusán, sugusán...

El miedo se apoderó de las cosas inanimadas en medio del viento que soplaba empujado, empujándolo todo,
todo, todo, para donde fuera, con tal que no quedara
nada donde estaba, y lo que resistía era a costa de tre-
mendos destrozos y sufrimientos de las materias vivas, a
tal punto que la naturaleza misma parecía darse por ven-
cida y hacerle también el juego al huracán, por salvar los

grandes árboles que se enderezaban elásticos, y con todos
sus ramajes convertidos en pedazos de ventarrón.

—¡Leland!...

Lester repetía el nombre, maquinalmente, avanzando
hacia su casa en medio del viento.

—¡Leland!...

—¡Leland!...

Por entre el pellejo, los nervios y los vasos sanguí-
neos y los músculos y los huesos del cuello se le retorcía
la gana de soltar su carcajada tétrica, como si anunciara
«¡todo lo indispensable para el costurero!», y hubo de
llevarse la mano crispada para atajarse aquel deseo de
reír, de reír, de reír.

—¡Leland!...

—¡Leland!...

—¡Leland!...

El huracán casi lo derribaba de sus pies, que iban fla-
queando sobre el terreno de plantas fruncidas bajo la so-
pladera del viento, y ya ni agarrándose a los troncos de
los árboles podía avanzar. Se arrastraba, iba de bruces,
en cuatro patas, o jalonando trechos enteros con el cuerpo hecho serpiente, para que el huracán, que no dejaba
en su sitio masa sólida, le permitiera llegar a su casa.

—¡Leland!...

—¡Leland!...

La carcajada de otros tiempos, el ¡ya-já, já, já, já!, se
le venía como un vómito de risa y sangre, y al sentirlo
regado entre los dientes se lo tragaba, se lo regresaba,
empapado en agua hecha viento, en mar hecho viento,
en luz hecha viento, en árboles hechos viento, en piedras
hechas viento que soplaba crudamente con olor a fiera
oceánica, desorbitado, ensoberbecido, mezcla de alarido
de elementos en brama y queja de criatura de tierra adentro en aflicción total de muerte. Las plantas de banano
las desaparecía, las barría, las llevaba por alto, para irlas
a arrojar muy lejos, donde menos se esperaba. Mesas,
sillas, camas, todo destrozado y repartido aquí y allá a
kilómetros de distancia, sobre los árboles, bajo los puen-

tes, entre el agua golpeada y también enfurecida de los ríos, no por aumento de caudal, sino por el culebrante pasar y pasar de la ventolera.

—¡Leland!...

—¡Leland!...

Iba a soltar la carcajada cuando vio a su esposa, ya llegando a la casa en medio de la tormenta, los cabellos en desorden, las ropas a punto de ser arrancadas, entre el caballo y el sulky.

—¡Leland!...

Cayó sobre ella como parte del vendaval. Tocarla. Tocarla. Ver que estaba. Ver que no se la había llevado el viento a estrellarla. A estrellarla, a dejarla botada, inerte, muerta o desfallecida, como tantos estaban ya en distintos puntos, indiferentes cadáveres al paso del huracán.

—¡Leland!...

Ella no le contestaba, muda de terror, tremante de pensar que era el último día de su vida, pero sin pensarlo, sintiendo que ya era como una imposición brutal, como algo inevitable, absolutamente inevitable, presente allí, allí con ella, allí con todo lo que estaba sucediendo y lo que vendría después...

El caballo, apenas salió del corral de piedras que estaba detrás de la casa y donde ellos tenían gallinero, cochera, establo, no se detuvo más. Era un bólido el sulky y Lester Stoner (el peligro martillaba a su oído su verdadero nombre), como en sus mejores días de estudiante, cuando en la Universidad guió un carro romano, él vestido de romano en una fiesta chusca.

Los aplausos de los millares de espectadores eran aquí millares de hojas en sacudimiento constante, de ramas de miles de lenguas paladeándose mutuamente la amarga bravura de ser ramas pegadas y no las que ya iban sueltas, volando como objetos aéreos. Las ruedas del vehículo empezaban a flaquear. Por momentos se sentía que ya iban en una rueda, porque la otra ya se salía. Afortunadamente el trasto no se derrumbaba, y mientras pudiera avanzar, huir, ganar terreno hacia la población, llegar siquiera a la casa de Lucero. Ella, toda ella iba agarrada a Lester, hecha un solo ser con él, la cabeza refundida en su espalda, detrás de su espalda, para dejarle campo a accio-

nar con las riendas, pero por la cintura su brazo igual
que una cuerda tensa, para asegurarse mejor. Si caían
caerían juntos; si algo les pasaba, juntos; si les tocaba
morir, juntos. Los oídos llenos de ese mundo en movimiento, ráfaga tras ráfaga, de esos cientos de miles de
troncos de bananas volando como si sus hojas, en un
momento dado, se hubieran transformado en alas de ga-
llinazos verdes para transportarlos, entre la polvareda
que impedía ver más allá de unos cuantos metros. El
camino se deslizaba por una pequeña bajada, donde al
chocar el sulky en una piedra que también rodó hasta
el medio de la carretera, quedaron ellos después de un
tremendo fundillazo en tierra, con todo y los asientos de
cuero, él con el cabo de las riendas y ella apretada entre
la espalda de Lester y el suelo, con un horrible raspón
en la cara, de la frente hacia la oreja, que se le despe-
llejó, aunque ella no sentía dolor sino miedo, miedo no
a la inmediata resolución de todo, que en eso ya estaban:
eran bien pocas las esperanzas de sobrevivir ahora que
grandes piedras empezaban a rodar, a pasar sobre ellos
como mundos silentes... El caballo, más abajo, quedó
aplastado por un inmenso árbol que derribó de golpe uno
de los piedrones sueltos que rodaba hacia el abismo. El
pobre animal cayó arrodillado en seco, al mismo tiempo
quebrado de las cuatro patas, hecho una sola mancha de
sangre, caballo y quejido.

Lester era conocedor del terreno, pero en medio de
la catástrofe y con la angustia de lo que podía pasar a
Leland, estaba desorientado. Si él hubiera ido solo, ya
sabría adónde dirigirse arrastrándose; pero con ella...

Medio se levantó del suelo, donde estaban tendidos
para no ser arrebatados por el viento, tendidos y agarrados firmemente de las raíces, y pudo darse cuenta que no
estaba lejos de las cuevas que llamaban del «Gambuci-
no», a media legua de donde Lucero.

«El fenómeno está localizado en una gran zona...» Así
decía el Instituto Meteorológico. Si lo sabría el Chamá,
si lo sabría la calavera encalada de Hermenegildo Puac,
ya de nuevo en el camposanto, riéndose con todos sus
dientes de los gringos, de su poder, de sus máquinas, de
la famosa gente de por allá, cabezas secretas que los go-
bernaban y que, a decir verdad, no era una sola cabeza,

ni dos, ni tres, sino las cabezas de todos los accionistas en la cabezona del Papa Verde. Hermenegildo Puac, con su calavera blanca, se reía de los doce millones de plantas de banano que terminaba de derribar el viento fuerte, botándolas de los terrenos húmedos donde parecían sobrepuestas igual que «pines» de boliche.

En la pequeña depresión que formaba allí el terreno, hacia donde se arrastraron, se podía avanzar sin ser lanzado por tierra, e iban uno tras otro inclinados, muy inclinados para no exponer la cabeza a la ventolera, más de lado que de frente, a pequeños pasos tambaleantes, igual que borrachos.

Al llegar a las cuevas del «Gambusino», Leland se abandonó sin más señal de vida que un soplido gimiente entre los labios. Su blancura de cera helada bajo sus cabellos de oro verdoso, en medio de una atmósfera turbia como agua de sal. Lester había traído uno de los cojines del sulky, y sobre este desecho de crin y cuero colocó la cabeza de su esposa, mientras buscaba un pañuelo para enjugarle un hilo de sangre que le corría por el cuello tras de la oreja. Las sombras de árboles fantásticos, de árboles que no existían, pero que existieron allí, empezaban a gatear y a entrarse en las cuevas igual que animales gigantes. Lester lo sabía. La Sarajobalda lo contaba a todos. Cuando hay tempestad, las sombras de los árboles que derribaron hace muchos años en los cortes de maderas, se meten como fantasmas en las cuevas del «Gambusino», y al que encuentran dentro le sacan todo lo que tiene vivo debajo del pellejo y lo dejan convertido en un muñeco de piel sobre los huesos. Lester abrió los ojos verdes como si viera venirse sobre ellos una fiera, estranguló en su garganta la carcajada que le subía del pecho como un tren de cremallera, y gritó:

—¡Leland! ¡Leland!...

Las sombras de los árboles gigantes, ébanos, caobas, matilisguates, chicozapotes, guayacanes, que ya no existían, seguían gateando fantásticamente, penetrando en las cuevas con movimientos de animales, de olas de mar gruesa.

—¡Leland, vámonos de aquí, las sombras se están entrando —y señalaba con su dedo rígido—, mira cómo gatean, mira cómo avanzan, mira cómo se extienden, mira cómo nos arrinconan, mira que nos cogen y si nos envuelven nos vacían por dentro y mañana sólo recogerán aquí de nosotros dos muñecos de pellejos y hueso!

Escaparon de la cueva tan violentamente, que Leland se rasgó el traje, quedando con media pierna de fuera; y a seguir huyendo hacia donde Lucero, entre los altos palos en cuyas copas el lejano resplandor del día temblaba a la par de la tierra; a seguir huyendo con la mirada ya perdida en lo irremediable, bajo las inmensas piedras que el viento huracanado desplazaba igual que basuras.

Consiguieron llegar, sin respiración, sin pies, como autómatas, a un espacio fortificado por el bosque cercano a la casa de Lucero, y allí se detuvieron. El polvo caliente que se alzaba de la tierra no dejaba ver bien. Pero lo que les pasaba cerca, ultrajándolos, casi golpeándolos, sí era apreciable en especie de relámpagos de conciencia. Un camión que parecía el techo de una casa se volcaba con un poste que aún mostraba los alambres, poste o mano que iba diciendo: «Vean que no solté las líneas telegráficas», seguidos de reses, decenas de reses que eran cueros duros de tanto golpe, rígidas las patas, las colas a rastras y un gran pedazo de casa con el nombre de la escuela de varones y pupitres y pizarras que daban la idea de que ellos también habían salido a recreo, todo disperso entre millares de troncos de bananales que no parecían arrancados de la tierra sino llovidos del cielo, sueltos...

—Leland, no sigamos, aquí debemos esperar que acabe todo, porque todo está terminado. Yo lo sabía...

El viento silbaba entre los árboles en que ellos estaban apoyados, envueltos en el torrente de la destrucción. Una sombrilla de jardín con un pedazo de escaño bajó dando tumbos igual que un pajarraco resquebrajado, y restos de sillas de colores pasaban en las ráfagas, así como trastos de cocina y restos de dormitorios, inmovilizándose cuando se estrellaban en el suelo, aunque sólo fuera un momento, porque luego los levantaba el viento fuerte, para irlos a botar donde las cosas ya no sirven para nada. Era la sombrilla de la casa de Tury Duzin. Y algún bulto humano pasó, pasó como un judas haciendo gestos de animal cogido en la trampa. No conocieron quién era. Demasiado cerca se oyó un alarido de mujer. Luego, nada. Todo volvió a quedar en el silencio rumoroso en que bailoteaba el huracán. Gallinas con todo y los gallineros; palomares con muchos ojos ciegos de pavor; y armarios soltando trapos como intestinos, y espejos en los que se destrozaban los rostros de la catástrofe; petates igual que pedazos de papel girando a merced del viento...

No veían ya más. Lester repetía, cortando su respiración de fatiga congojosa:

—Leland, no sigamos, aquí debemos esperar que acabe todo, porque todo está terminado. Yo lo sabía...

Caballos y caballos y caballos cruzaban al galope levantando nubes de polvo que se mezclaba indeciso a la luz de agua de sal que enturbiaba la atmósfera. Por la polvareda y sus formas de fluyentes bestias libres se sabía que cruzaban, porque el huracán silbaba para borrar hasta el eco del galope, mientras una fuerte marea de petróleo permitía suponer que estaban saltando las bodegas en que había gasolina almacenada.

Leland, a quien su blancura daba una insensibilidad de leche, sólo movilizaba sus facciones cuando hacía esfuerzos para tragar saliva seca, pastosa, o cuando se le amontonaba el dolor, el dolor, el dolor indefinido e indefinible. Nada podía. Quién hubiera creído todo aquello. Cubierta de tierra de la cabeza a los pies trataba de hacer sentir a su marido que estaban juntos, que era su compañera definitiva en el huracán, pero lo hacía sin razonar, sin hablar, apretándose a él cuando éste repetía:

—Leland, no sigamos, aquí debemos esperar a que acabe todo, porque todo está terminado. Yo lo sabía; sabía que una gran oscuridad nos esperaba, una gran oscuridad, un tiempo sin tiempo, un huracán de piel de sapo marino, terriblemente vengativo... Así... terriblemente vengativo... nudo de las más elementales fuerzas, porque al cabo esto, todo esto es viento, sólo viento, viento que está pasando, viento que está ululando, viento que no deja de pasar...

Su espalda, los árboles, la noche sin una estrella, sin luz, y caída como un bloque de tinieblas.

—Leland, yo lo sabía, sabía que una gran oscuridad nos esperaba...

Ya no se miraban. Ya no se miraban. Todo oídos. Eso eran. Sólo oídos. Y ni eso, ni oídos. ¿Para qué?... Para oír avanzar el mar sobre ellos, porque ahora que estaban a oscuras, totalmente a oscuras, sentíanse en una inmensa laguna que se retorcía por hablar sin pronunciar más que el mismo sonido tremante, en una inmensa lengua de mar tórrido hecho viento que por donde pasaba con su fuerza suelta quemaba, latigueaba, barría, secaba, arrebataba, arrastraba, cernía...

—Leland, no sigamos, aquí debemos esperar a que acabe todo, porque todo está terminado. Yo lo sabía..., sabía que una gran oscuridad nos esperaba.

Todo se fundía en una sola profundidad a sus pies, agujero de fatiga en que ella sintió deslizarse, al no poder estar más en pie, su espalda apoyada al árbol que era como todo su cuerpo paralizado por el terror; se caía de su cuerpo, ella, de su cuerpo; su cuerpo aún soportaba estar así pendiente de la inmensidad de un árbol, mientras ella caía abatida, igual que cualquiera de los pobres animales que iban quebrándose por huir, maniatados por la muerte, que les esperaba allí mismo, allí ya... Sí, ella se resbaló de su cuerpo y cayó hecha fatiga, sólo fatiga, nada más que fatiga; pero al llegar a sus pies, se trajo abajo el resto, la materia, y ya fue ella cuerpo y ella fatiga una sola cosa inmóvil, resueltamente abandonada para lo que Dios quisiera...

—¡Leland!... ¡Leland!... ¡Leland!...

Mead la llamaba y la sacudía sin piedad, igual que si a él también se le hubiera metido el huracán en el cuerpo. Sus manos calientes la estrujaban, quería tocarle el corazón bajo el seno abultado, y era doloroso sentir que no la acariciaba como antes, sino la estrujaba para buscar debajo del pecho lo que no conseguía sentir, porque no dejaba quieta su mano... hasta que por fin, sí, ya, ya, ya, ya...

—¡Leland!... —se acercó a besarla, le golpeó los dientes con sus dientes y repitió en voz baja, casi en secreto— ...yo sabía, sabía que una gran oscuridad nos esperaba...

Velaría a su lado. Con ramas le arregló una almohada y cuidadosamente la tomó de la cintura para tenderla mejor, porque había caído toda tronchada, igual que la rama de un árbol.

—Leland... —con los ojos cerrados agarrado a ella—... Leland..., tal vez mañana... —manoteó para apartarse una rama negra que no movía el huracán, una rama de hojas de luto que le había caído encima de la frente... Ya la mano no estaba... su mano... Se había ido, se había ido con la rama... al manotear... al irse él quedando donde estaba ya sin su mano... sin ninguna de las dos manos: manco y despegado de los pies que le quedaban allá lejos como un par de zapatos cansados.

EPILOGO

—¡Aquí se conocieron y aquí se quedan!...

La determinación de doña Roselia, viuda de Lucero, vestida de negro, con los ojos en llanto despenicado, roja la nariz de sonarse, quemados los labios por la intemperie en que habían vivido tantas horas de angustia, no dejaba lugar a que el viejo alguacil que fungía de Alcalde y por lo mismo de Juez de Paz, dispusiera otra cosa.

—¡Aquí se conocieron y aquí se quedan!...

Las camillas, parihuelas de hojas frescas, en que habían llevado los cuerpos, quedaron en el patio rodeadas de perros que husmeaban indiferentes, hambrientos, en busca de comida, y doña Roselia, manos a la obra, los tendió en una cama que sacó a la pieza principal. A falta de lugar, los dos en la misma cama. Uno al lado del otro, unidos en la muerte, helados como si estuvieran sus rostros y sus manos expuestas a la luna llena en una cumbre muy alta. Los muchachos, sus hijos, andaban auxiliando a la gente. Cuántas cosas empujó el viento fuerte hacia el mar. Cuántos seres terrestres flotaban ahora entre tiburones, perdidos en las aguas que al pasar la tormenta volvían a ser derrumbes de esmeraldas, colas de sirenas empapadas de espumas, lujuria del sol, fiesta de cristalinos bananales.

Alguien habló de las casas de allá abajo. Pero ¿qué casas? No estaban más que los lugares. Se las llevó el airaso. Del sitio en que se alzaba la casita de los Mead sólo quedaba el lugar deshabitado, barrido, igual que si

213

una escoba de furia hubiera pasado para borrar todo aquel embeleso.

Luceros, Cojubules y Ayuc Gaitanes presentes frente a los cadáveres, sin saber cómo moverse, en una atmósfera caliginosa, impregnada de humedad y aún amenazando.

Doña Roselia hizo cavar la tierra al lado de la tumba de su marido, en el suelo del camposanto, donde en una sepultura, la calavera, blanca de cal, de Hermenegildo Puac reía con todos los dientes de fuera, rodeada por las tres risas amarillas: risa de Rito Fui Perraj, risa de Rito Soy Perraj y risa de Rito Seré Perraj. El Juez de Paz volvió a reclamar los cuerpos. Tenían lugar en un cementerio extranjero.

Toda la familia Lucero y las familias de Cojubul y Ayuc Gaitán, ya listas para el entierro, acompañaron los cadáveres de Lester Mead, con ese nombre lo conocían ellos y Leland Foster. En la misma camilla en que los trajeron a «Semírames», los llevaron al tren envueltos en dos sábanas blancas. De uno de los bultos asomaba un mechón de pelo color de oro verde. El tren se fue despacito, rodando sin hacer mucho ruido, por un cementerio de bananales tumbados, tronchados, destrozados.

Guatemala de la Asunción,
enero-abril, 1950.

214

Vocabulario

Achiote. Arbol de fruto capsular que produce unas semillas menudas de las que se extrae una sustancia muy roja que se usa como condimento.

Arrecha. De «arrecho», valiente, esforzado, animoso.

Atol. Apócope de «atole», bebida de maíz a la que se mezcla agua, sal, azúcar y leche.

Boquitas. Diminuto de «bocas», que son los manjares que se toman antes o después de las copas de licor.

Bolo. Borracho, ebrio.

Brea. Dinero.

Cacho. Cuerno.

Camagüe. Verdoso, que ya empieza a sazonar.

Catrín. Dícese de la persona peripuesta, emperejilada.

Cuchubal. Ahorro.

Curcucho. Jiboso.

Cuzuco. Peón que trabaja en el arreglo y mantenimiento de las vías del ferrocarril.

Chapiadores. Peón que trabaja con el machete, cortando la vegetación inútil.

Chico. Níspero del chicozapote.

Chiches. Senos.

Chichigua. Nodriza.

Chingastaso. Lo que tiene mucho sedimento o residuo depositado al fondo.

Chiltepes. Chile silvestre, pequeño, rojo, redondo, muy picante.

Chinié. De «chinear», cargar un niño la «china» o aya.

Chunche. Trasto viejo, trebejo, cachivache.

Despenicar. Arrancar de las ramas de pino las agujas para formar alfombras verdes.

215

Elotes. Mazorcas de maíz sin sazonar, choclo.

Enrunfia. Montón de cosas, sucesos, desorden, etc.

Entanatados. De envuelto en «tanates», o sea paquetes o montón de ropas.

Guanera. De «guaro», o sea, aguardiente de caña.

Guarisama. Machete.

Guaro. De «guarapo», o sea, aguardiente de caña.

Guarumos. Árbol de tronco hueco, muy abundante en las costas, con hojas grandes parecidas a las del papayo.

Güegüecho. Bocio.

Güisquiles. Fruto de la planta trepadora «güisquilar». También se le llama «chayote», «pataste».

Iute. Especie de caracol.

Liso. Pesado, abusivo, grosero.

Mecapal. Pedazo de cuero que aplicado a la frente sirve para cargar a la espalda objetos o mercancías que se transportan.

Magueyales. Sitios donde hay sembrado maguey.

Matate. Bolso de pita.

Miches, a miches. A la espalda. Cargar a la espalda.

Nanachos. Gemelos.

Niguas. Insectos más pequeños que las pulgas, que se entran en los pies.

Ocote. Pino rojo que arde fácilmente.

Penco. Cansado, viejo, estropeado.

Pisto. Dinero.

Pita. (Fregar la pita) molestar.

Pixtón. Torta gruesa de maíz.

Quenque. En las plantaciones de banano, el que se ocupa de lanzar el veneno sobre las plantas del bananal.

Quiebracajete. Convólvulo.

Rapadura. Azúcar sin purificar.

Sholquito. De «sholco», desdentado.

Shute. Aguijón de la avispa.

Suquinay. Planta que produce flores que dan una miel muy dulce.

Talpetate. Terrenos de terrón que se emplean en fabricar ladrillos.

Tecolote. Búho.

Tetuntes. Piedras informes que se ponen junto al fuego.

Tolito. Castillo para guardar comestibles u objetos.

Tuja. Poncho.

Tunquto. De «tunco», corto, escaso.

Tuza. Chala.

Zope. De zopilote o aura.

Alianza Tres

Títulos publicados

2. Andrei Platónov:
Dzhan
Prólogo de Evgueni Evtuchenko

3. Cesare Pavese:
Cartas, I (1926-1950)

4. Cesare Pavese:
Cartas, II (1926-1950)

5. Rafael Dieste:
Historias e invenciones
de Félix Muriel

6. Edouard Dujardin:
Han cortado los laureles
Prólogo de Valéry Larbaud

7. Pedro Salinas:
Víspera del gozo

8. Ronda de muerte en Sinera
Espectáculo de Ricard Salvat
sobre textos narrativos,
poéticos y dramáticos de
Salvador Espriu

9. Italo Calvino:
La especulación inmobiliaria.
La jornada de un escrutador.
La nube de «smog»

10. Julio Cortázar:
Octaedro

11. Heinrich Mann:
En el país de Jauja

12. Thomas Hardy:
El brazo marchito

13. Carlos Barral:
Años de penitencia. Memorias

14. Marcel Proust:
Los placeres y los días.
Parodias y miscelánea

15. Ernesto Sabato:
Abaddón el exterminador

16. La escritura en libertad
Antología de poesía
experimental a cargo de
Fernando Millán y Jesús
García Sánchez

17. Brian W. Aldiss:
Intangibles, S. A.

18. Ezequiel Martínez Estrada:
Cuentos completos

19. Pierre Drieu la Rochelle:
El fuego fatuo

20. Gerald Durrell:
Mi familia y otros animales

21. Edward Morgan Forster:
La vida futura

22. Peter Handke:
Carta breve para un largo
adiós

23. Enrique Anderson Imbert:
El leve Pedro

24. María Van Rysselberghe:
Los cuadernos de la «Petite
Dame», I
Notas para la historia
auténtica de André Guide,
1918-1929

25. Thomas Mann:
Los orígenes del Doctor
Faustus. La novela de
una novela

26. Gerald Brenan:
Memoria personal 1920-1975

27. Rainer Maria Rilke:
El testamento

28. Gabriele d'Annunzio:
Cuentos del río Pescara

29. F. Scott Fitzgerald:
Los relatos de Basil
y Josephine

30. Italo Calvino:
Nuestros antepasados

31. Franz Kafka:
Cartas a Felice y otra
correspondencia de la época
del noviazgo, 1: 1912

32. Denis Diderot:
Santiago el fatalista y su amo

33. Franz Kafka:
Cartas a Felice y otra
correspondencia de la época
del noviazgo, 2: 1913

34. E. M. Forster:
El más largo viaje

35. José M.ª Guelbenzu:
La noche en casa

36. Franz Kafka:
Cartas a Felice y otra
correspondencia de la época
del noviazgo, 3: 1914-1917

37. Victor Segalen:
René Leys

38. Vicente Aleixandre:
En un vasto dominio

39. Pierre Drieu la Rochelle:
Relato secreto

40. T. S. Eliot:
Poesías reunidas, 1909-1962

41. Edith Wharton:
Relatos de fantasmas

42. Jesús Fernández Santos:
A orillas de una vieja dama

43. Henry de Montherlant:
Los bestiarios

44, 45, 46, 47. Corpus Barga:
Los pasos contados
Una vida a caballo de dos
siglos (1887-1957)

48. Jorge Luis Borges:
Obra poética

49. Thomas Hardy:
Tess, la de los d'Urberville

50. Antología de poesía primitiva
Selección y prólogo
de Ernesto Cardenal

51. Saul Below:
La víctima

52. Adolfo Bioy Casares:
Dormir al sol

53. Antología poética en honor
de Góngora desde
Lope de Vega a Rubén Darío
Recogida por Gerardo Diego

54. Peter Handke:
La mujer zurda
Relato

55. Hermann Broch:
La muerte de Virgilio

56. Lou Andreas-Salomé:
Mirada retrospectiva

57. El Siglo Once en 1.ª persona.
Las «Memorias» de ʿAbd Allah,
último rey Zirí de Granada
destronado por los Almorávides
(1090). Traducidas por
E. Lévi-Provençal (ob. 1956)
y Emilio García Gómez

58. Francisco García Lorca:
Federico y su mundo

59. Iris Murdoch:
El castillo de arena

60. Mijail Bulgakov:
El maestro y Margarita

61. La muerte del rey Arturo
Introducción y traducción
de Carlos Alvar

62. Gerald Durrell:
Bichos y demás parientes

63. José Bergamín:
Al fin y al cabo. Prosas

64. José María Guelbenzu:
El río de la luna

65. Rainer María Rilke:
Los apuntes de Malte
Laurids Brigge

66. Poesía de Trovadores,
Trouvères y Minnesinger
Edición bilingüe
Antología de Carlos Alvar

67. Emilio García Gómez:
El mejor Ben Quzmán
en 40 zéjeles

68. E. M. Forster:
Un viaje a la India

69. Rafael Dieste:
El alma y el espejo

70. Jorge Amado:
Doña Flor y sus dos maridos

71. Jean Paul:
La edad del pavo

72. Jorge Luis Borges:
La cifra

73. Jorge Amado:
Tienda de los milagros

74. Federico García Lorca:
Lola la comedianta

75. Beatriz Guido:
La caída

76. Jorge Luis Borges:
Obras completas
en colaboración, 1

77. E. M. Forster:
La mansión

78. Miguel Angel Asturias:
Viento fuerte

79. Jorge Amado:
Gabriela, clavo y canela

80. Rafael Sánchez Ferlosio:
Las semanas del jardín

81. José María Arguedas:
Todas las sangres

82. Gerald Durrell:
El jardín de los dioses

83. Ramón Carande:
Galería de raros

84. Silvina Ocampo:
La furia y otros cuentos

85. Vlady Kociancich:
La octava maravilla

86. Carlos Barral:
Los años sin excusa.
Memorias II

87. Francisco Ayala:
Recuerdos y olvidos

88. Miguel Angel Asturias:
El papa verde

89. Miguel Hernández:
Obra poética completa

90. Ciro Alegría:
El mundo es ancho y ajeno

91. Roger Poole:
La Virginia Woolf desconocida

92. Mercé Rodoreda:
Mi Cristina y otros cuentos

93. C. P. Cavafis:
Poesía completa

94. Agustina Bessa Luís:
Cuentos impopulares

95. José Ferrater Mora:
Claudia, mi Claudia

96. William Golding:
Ritos de paso

97. César Vallejo:
Obra poética completa

98. Peter Handke:
Gaspar
El pupilo quiere ser tutor
Insultos al público

99. Juan Ramón Jiménez:
Política poética

100. Mercè Rodoreda:
Aloma

101. Miguel Angel Asturias:
Los ojos de los enterrados

102. Gunnar Ekelöf:
Diwan

103. Rafael Cansinos-Assens:
La novela de un literato, I

104. August Strindberg:
Teatro escogido

105. Beatriz Guido:
La invitación

106. Miguel Angel Asturias:
Mulata de tal

107. Fernando Pessoa:
Poesía

108. Jorge Luis Borges:
Obras completas
en colaboración, 2

109. F. Scott y Zelda Fitzgerald:
Pizcas de paraíso

110. Jorge Amado:
Tereza Batista cansada
de guerra

111. Francisco Ayala:
Recuerdos y olvidos
2. El exilio

112. Henri Michaux:
En otros lugares

113. Iris Murdoch:
La campana

114. Hermann Hesse:
Escritos sobre literatura, 1

115. José Lezama Lima:
Paradiso

116. Thomas Bernhard:
Corrección

117. Octavio Paz:
Los signos en rotación
y otros ensayos

118. Pedro Salinas:
El defensor

119. Miguel Angel Asturias:
Viernes de dolores

120. C. P. Snow:
Una mano de barniz

121. Ernst Jünger:
Visita a Godenholm

122. Adolfo Bioy Casares:
Diario de la guerra del cerdo

123. Silvina Ocampo:
Los días de la noche

124. José Lezama Lima:
Oppiano Licario

125. August Strindberg:
Teatro de cámara

126. Theodor Fontane:
Effi Briest

127. Miguel Angel Asturias:
Maladrón

128. Hermann Hesse:
Escritos sobre literatura, 2

129. Iris Murdoch:
La cabeza cortada

130. Joanot Martorell - Martí Joan
de Galba:
Tirant lo Blanc, 1

131. Joanot Martorell - Martí Joan
de Galba:
Tirant lo Blanc, 2

132. Jorge Amado:
Capitanes de la arena

133. Elena Poniatowska:
Hasta no verte, Jesús mío

134. William Golding:
La oscuridad visible

135. Nadezhda Mandelstam:
Contra toda esperanza

136. Thomas Bernhard:
La calera

137. Pedro Salinas:
Cartas de amor a Margarita

138. Adolfo Bioy Casares:
El sueño de los héroes

139. Miguel Angel Asturias:
Week-end en Guatemala

140. Doris Lessing:
Cuentos africanos, 1

141. José María Guelbenzu:
El esperado

142. Snorri Sturluson:
Edda menor

143. André Gide:
Los alimentos terrenales

144. Arnold Zweig:
La disputa por el sargento
Grischa

145. Henry James:
El retrato de una dama

146. K. S. Karol:
La nieve roja

147. William Golding:
Los hombres de papel

148. Ernst Jünger:
Abejas de cristal

149. Rafael Cansinos-Assens:
La novela de un literato, 2

150. El poema de Mío Cid.
Versión de Pedro Salinas

151. José Ferrater Mora:
Voltaire en Nueva York

152. Peter Handke:
Lento regreso

153. Pu Songling:
Cuentos de Liao Zhai

154. Jean-Paul Sartre:
Freud

155. Eugène Ionesco:
El porvenir está en los
huevos - Jacques o la
sumisión - Víctimas del
deber - Amadeo o cómo
librarse de él

156. Antonio Di Benedetto:
Sombras, nada más...

157. Fernando Pessoa:
Sobre literatura y arte

158. José Revueltas:
Antología. Prólogo de
Octavio Paz

159. Jorge Luis Borges:
Los conjurados

160. Thomas Bernhard:
Helada

161. Jean-Paul Sartre:
Escritos sobre literatura, 1

162. Adolfo Bioy Casares:
La aventura de un fotógrafo
en La Plata

163. Peter Handke:
La doctrina de Sainte-Victoire

164. Italo Calvino:
Palomar

165. Edda Mayor
Edición de Luis Lerate

166. Doris Lessing:
Cuentos africanos, 2

167. Rafael Cansinos-Asséns:
El candelabro de los siete
brazos

168. Leonardo Sciascia:
El teatro de la memoria

169. Zélia Gattai:
Anarquistas, gracias a Dios

170. Miguel Hernández:
Epistolario

171. René Char:
Común presencia
(Edición bilingüe)

172. Joseph Heller:
Dios sabe

173. Beowulf y otros poemas
anglosajones (Siglos VII-X)

174. William Golding:
Caída libre

175. Vicente Aleixandre:
Epistolario

176. Alvaro Mutis:
La Nieve del Almirante

177. Miguel Hernández:
El torero más valiente.
La tragedia de Calisto.
Otras prosas

178. Peter Handke:
Historia de niños

179. Yorgos Seferis:
Poesía completa

180. Botho Strauss:
Rumor

181. La búsqueda del Santo Grial
Introducción de Carlos Alvar

182. Alfonso Reyes:
Antología general

183. Peter Handke:
Por los pueblos

184. Antonio di Benedetto:
Cien cuentos

185. José Ferrater Mora:
Hecho en Corona

186. Adolfo Bioy Casares:
Historias desaforadas

187. Mario Benedetti:
Cuentos completos

188. Martin Walser:
Matrimonios en Phillippsburg

189. Rainer Maria Rilke:
Cartas francesas a Merline

190. Doris Lessing:
Cuentos africanos, 3

191. Miguel de Unamuno:
Poesía completa, 1

192. Thomas Bernhard:
Relatos

193. Nadine Gordimer:
Hay algo ahí afuera

194. Italo Calvino:
Colección de Arena

195, 196. Historia de Lanzarote
del Lago
Edición de Carlos Alvar

197. María Zambrano:
Hacia un saber sobre el alma

198. Witold Gombrowicz:
Peregrinaciones argentinas

199. Textos literarios hetitas
Introducción y notas
de Alberto Bernabé

200. Juan Benet:
Otoño en Madrid hacia 1950

201. Miguel de Unamuno:
Poesía completa, 2

202. José María Guelbenzu:
La mirada

203. José Lezama Lima:
Relatos

204. Juan Ramón Jiménez:
Españoles de tres mundos

205. Augusto Monterroso:
La letra e

206. Alejandro Manzoni:
Historia de la columna infame

207. Elena Poniatowska:
Querido Diego, Te abraza
Quiela y otros cuentos

208. Frederic Prokosch
Los asiáticos

209. Jorge Luis Borges
Biblioteca personal
(prólogos)

210. Primo Levi
El sistema periódico

211. Mario Benedetti
Crítica cómplice

212. Josef Skvorecky
El saxofón bajo

213. Historia de Lanzarote del Lago
3. El Valle sin Retorno

214. Historia de Lanzarote del Lago
4. El libro de Meleagant

215. Miguel de Unamuno
Poesía completa, 3

215. Miguel Hernández:
Cartas a Josefina

216. Jaime García Terres:
Las manchas del Sol
Poesía 1956-1987

217. Alberto Girri:
Noventa y nueve poemas

218. Miguel de Unamuno:
Poesía completa, 3

219. Francisco Ayala:
Recuerdos y olvidos

220. Primo Levi:
Historias naturales

221. Historia de Lanzarote del Lago
5. El libro de Agravain

222. Daniel Sueiro:
Cuentos completos

223. Historia de Lanzarote del Lago
6. El bosque perdido

224. Eduardo Arroyo:
«Panamá» Al Brown, 1902-1951

225. Historia de Lanzarote del Lago
7. La locura de Lanzarote